企鵝都比你有特色

給自己的 10 堂說話課，成為零落差溝通者

褚士瑩——著

說話的時候，要當一個有魅力的人，而不是一個美麗的人。

——諸士縈

給自己的10堂說話課
讓你成為一個有特色的人

1

BEFORE	AFTER
以前不懂裝懂	**現在聽不懂 一定發問 而且懂得問出 核心問題**

2

BEFORE	AFTER
以前凡事 只會問what	**現在變成 開始深究why 最後懂得 how to**

5

AFTER ← **BEFORE**

現在找到
自己的聲音

以前討厭
自己的聲音

4

BEFORE → **AFTER**

以前說話不經大腦
想到什麼說什麼
以為「辯論」就是
「表演秀」

現在有準備
有立場
說有價值的話

3

AFTER ← **BEFORE**

現在知道上台
不是為了「表演」
而是跟人面對面
把心裡真摯的想法
傳達給聽的人

以前害怕
上台演講
怕自己講得
沒有重點與特色

6

BEFORE

以前以為跟著說
流行語或專有名詞
就是會溝通

AFTER

現在知道
真正重要的
不是改語彙
而是改觀念

7

BEFORE

以前不敢
跟最在乎的人
說真心話

AFTER

現在懂得
跟最在乎的人
說出自己的
內心話

8

BEFORE

以前會壓抑
自己的負面情緒
來溝通

AFTER

現在敢真實表達
不替自己辯護
而是改變自己

10

AFTER

現在變得
喜歡自己口中
說出來的話
以及說這些話的自己

BEFORE

以前不知道
自己的特色

9

AFTER

現在知道
面對衝突
我們該說什麼
不該說什麼

BEFORE

以前覺得
只要有衝突
就消極說社會
怎麼變成這樣

【推薦】

找回自己的聲音

——《做工的人》《如此人生》作者林立青

我和褚士瑩第一次認識時，就驚嘆於這個人的「氣場」極強。他頂著一個極有個性的髮型，保持勻稱的身材，保養得宜卻又大方隨意地回答和隨時有哏的提問。他想說什麼，想開什麼玩笑，信手拈來就是一篇短文。他是一個存在感極為強烈，也極有特色的作家。

在台灣這樣的人並不多見。這裡流行的是「快文化」，電視要二十四小時最新的、最快速的報導，到了自媒體時代甚至評論都要在第一時間產出，希望自己第一時間掌握資訊，要在最短時間內看到別人的意見並且分享轉貼。轉貼的過程中加上一些既有的刻板印象，有大量像是「多少營養午餐」或者「多少個22K」來更快速地拉近和讀者的距離。這些新聞報導以及資訊在台灣已經爆炸，大家只能在最短時間有一點粗淺的印象而已。

這本書的書名《企鵝都比你有特色》來自褚士瑩的親身故事，他在英國廣播公司BBC和愛登堡爵士一起工作。在爵士看來，每一隻企鵝的個性完全不同，企鵝有聰明的、有笨的、有狡猾的、有慷慨的，也有自私自利的。褚士瑩在聽到這故事後，想到他在工作坊中，每次總發現有些人無法自我介紹自己，也不知道自己有什麼特色，於是他寫了這本書。他透過十個重點和故事，不藏私地經由自己的親身經驗和思考，期盼讓每一個讀者找回自己，從發問、深究、演講、辯論到最後接受自己的聲音和想法。

我很有幸地在這本書中被提起，談到演講到底要不要使用ＰＰＴ，還是應該看著聽眾的眼睛走向前去討論，褚士瑩確實教我許多，最重要的是演講中那種誠懇的溝通和專注想要討論的態度，應該要能夠透過自己的聲音而傳達。

眞正重要的對話在於到底要說什麼和怎麼說，想想我們生命中眞正有意義的對話是發生在什麼場景中吧。很可能是推心置腹的深談，可能是情感的交流以及對話的內容有了共鳴，也可能是疑惑得到解決並且受到震撼，大腦中的某個區域瞬間發現了新的領域，但那絕對不是言詞華麗詞藻豐富可以做到的。

這本書帶讀者一起整理自己的思緒，認識自己在面對聽眾時的眞實想法；這本書可以幫助你在說話的時候有立場、有想法並且有觀點地進行討論，讓每一場對話都能深刻留下印象。

我推薦給每一個希望找到自己說話特色的人。

【自序】

為什麼企鵝都比你有特色？

褚士瑩

這兩、三年，我有幸跟英國廣播公司自然知性台（BBC Earth）的團隊一起工作。這個團隊的靈魂人物，是被譽爲「世界自然紀錄片之父」的愛登堡爵士（Sir David Attenborough），團隊裡我接觸過的每一分子，無論是製作人、攝影師，還是主持人，都有說不完的精采故事。

「我們會以爲同類的動物都是一樣的，但每一隻看起來一樣的動物，像是企鵝，都有自己的性格，有聰明的、有笨的、有狡猾的、有慷慨的，也有自私自利的，實際上，這六十年來，我從來沒看過兩隻企鵝的個性是一樣的。」年逾九十的愛丁堡爵士這麼說。

這時候，我的腦海裡閃過一個常見的景象，那就是每次在進行工作坊的第一天，我請每個參加者用一句話介紹自己特色的時候，總會有幾個人一臉尷尬地說：

「我不知道要講什麼。」

「我很平凡，沒什麼好說的。」

「我唯一的特色，就是完全沒有特色。」

「哇！」我故意裝作很吃驚地說，「這麼沒特色？那你媽媽會不會覺得生塊叉燒好過生你？」

大家都笑起來。

爲什麼一個人類，會相信自己不如一隻企鵝有特色。愛登堡爵士如果聽到了，會覺得人類很可笑吧？

我認爲BBC Earth團隊的每個人都很有特色，因爲有人從小就特別會模仿各種鳥的叫聲，有人在南極氣象站長年拍片，有人會看著動物影片編寫生動的管弦音樂，有人看到蜘蛛的一隻腳立刻就可以正確說出名字。我發現他們都有一個共通點：團隊裡每個人都有自己非常熱衷的事物，懂得欣賞別人，並且知道怎麼把自己喜歡的事物變成故事。

我完全不需要知道他們是否來自小康家庭，有幾個兄弟姊妹，排行第幾，府上哪裡，念過什麼學校，這些我們通常在「自我介紹」時一定會拿來說的背景，其實一點都不有趣。但**只要對一樣事物特別有熱情，並且知道怎麼表達，這個人就是一個有特色的人**。

愛登堡爵士的特色是，他很會從旁觀者的觀點，來說地球的故事，更擅長從動物的觀點來看地球，這讓他自然紀錄片的敘述觀點，生動有趣，與眾不同。

這個世界需要有熱情、會說故事的人，要不然，人就只是一塊會走路、會說話的叉燒，任何一隻企鵝，都比你有特色。

在別人的眼中，我是一個怎樣的人

跟BBC自然知性台團隊接觸的經驗，讓我重新思考，那**我的特色是什麼**？

我自己當然可以想出很多不同的答案，像是我有單眼皮，寫過很多書，去過很多國家旅行，而且不大會被時差影響，很喜歡吃美食。我還很會摺紙，最得意的是摺出栩栩如生的袋鼠。

但這些眞的是我的特色嗎？

Beauty is in the eyes of the beholder. 從西元前三世紀開始的古希臘，就有這樣的說法，「美與不美，全在觀者」。

也有人說這就是中文說的「情人眼裡出西施」，總之就是青菜蘿蔔，各有所愛。因爲某一個人認爲美的，另外一個人可能並不認爲美，因爲人們對美沒有一致的觀點，有人認爲美是外在的，有人認爲美是內在的特殊魅力，也有人相信眞正的美是仁慈、熱心、良知這樣的品德。

而**「個人特色」**就像美一樣，**不是我們自己認定什麼是特色就是什麼，而是在別人的眼中，我們是一個怎樣的人。**

我發現，最簡單的方式，就是問身邊的人：

「一想到我，你最先想到的是什麼？」

有人說我講話的聲音特別低沉。

有人說我的髮型很特別。

有人說我在NGO組織工作。

有人說我語言能力很好。

有人說我特別愛吃芒果。

每個人說覺得我特別的地方，都是因爲跟他們身邊常見的人不一樣。我聲音雖然低沉，可是學生時代在合唱團分聲部是男低音，但每個人聲音都很低沉，而且比我低沉的人多得是，所以從來沒有想過對一般人來說，我的聲音會因爲低沉，而受到別人注意。但仔細想一想，也許沒錯，過去主持廣播節目時，我被電台指定爲深夜十點到午夜十二點的主持人。

說我髮型特別的人，應該不知道我只是因爲貪圖方便跟便宜，總是趁在泰國工作的時候，到當地菜市場的理髮店剪傳統的泰國學生頭，比台灣的百元快剪還要便宜，所以在泰國明明是非常普通的傳統男子學生頭，到了台灣就變得有特色了。在我的臉書上，確實看過有年輕人PO文說自己理了一個「小褚士瑩頭」。

要不是他們提出來，我一點都沒有覺得在NGO組織工作，有什麼特別，因爲我的同事、朋友，大多數也都跟我一樣，在NGO組織工作。

至於語言能力很好這件事，跟我一起在國際NGO組織工作的前輩比起來，老實說我算是很普通的，無論學韓語、廣東話、阿拉伯語或緬甸語，文法都是我的弱項，在班上我往往吊車尾，讓老師倍感挫折。說我語言能力強，實在是言過其實，頂多只能說是對學習不同的語言不畏懼，而且充滿好奇心。

還有愛吃芒果，這算哪門子特色呢？在NGO工作將近二十年當中，我只有一次看到愛吃芒果可能對我的工作會有所幫助，那是有一個叫做Winrock的美國NGO組織，爲了要拓展緬甸芒果的國際行銷可能性，於是招募志工專門調查研究緬甸二十個品種、三百個芒果農場，但是這份工作要求有芒果分級、檢驗、跟品管經驗的專業人才，光愛吃芒果，是不行的！

這些**我自己覺得算不上特色的細節，原來才是別人心目中我跟別人不一樣的地方啊！**如果說美與不美，全在觀者，那麼特色與沒特色，也不是自己可以決定的，全在別人的眼裡，與其辯駁：「不是這樣的！」應該要想的是：「他們爲什麼會這樣想？」以及「我應該要怎麼強調我的特色？」

一個明明一看就特別矮的人，卻偏偏要穿三吋的「恨天高」，強調自己的特色是「手指很長」，難道不是一件很怪的事嗎？爲什麼不能像渡邊直美那樣，接受別人的眼光，以棉花糖女孩爲傲呢？

在強調「瘦就是美」，女性過重率只有百分之三的嚴格日本社會裡，渡邊直美身爲一個胖子，在學校時不時受到霸凌欺負。她在一次媒體採訪中說自己曾經因身材而自卑，因爲「身邊買大尺碼衣服的人只有我，當時很在意旁人『哇，這人好胖！』的側目眼光——不過我後來了解，我永遠無法改變別人的看法，但可以調整自己的心態，不要輸給負面想法。經過這些心態上的調整，果然有了改變。」

從此，她完全不避諱自己的體重，甚至把豐腴的體態轉變爲用來幽默自嘲的個人特色，她在ＩＧ上傳自己一百公斤的體重計，寫下「吃太多披薩了嗎？我記得來米蘭前只有四十五公斤啊？」這張照片迅速席捲社群媒體，把原本讓人自卑的負面缺點，變成讓人開心的正能量，當其他覺得自己胖的人爲了「顯瘦」只敢穿黑色的時候，渡邊直美卻開始大膽嘗試各種繽紛印花和色彩的風格，成爲日本大尺碼女性雜誌的專屬模特兒跟時尚品牌PUNYUS的代言人。

「那是因爲渡邊直美個性外向，不怕人家笑啊！」

那你就錯了。渡邊直美從小是一個非常害羞的人，即使到現在也是。

有沒有可能，我們眞正的特色，被我們的自卑、畏懼別人的眼光掩蓋住了？**不能接受自己的人，就沒有辦法找到自己眞正的特色，好好發揮**。

接受自己，找到自己的特色，就從仔細聆聽別人眼中，你是一個什麼樣的人開始吧！

人前人後，你誠實做自己

「這是天大的誤會，其實我說的意思是……」

類似這樣的話，我們每天在生活中，在電視新聞裡，無論國內還是國外，都不時聽到，有些是眞的誤會，很多則是假的誤會。但無論眞的假的，都是表達的落差，有時說輕了，有時說重了，有時則說偏了，甚至說反了。

有落差的表達如果處理不好，無論在友誼、愛情、家庭、工作、職場，還是大到災難處理、國與國之間的意識型態紛爭上，都很可能演變成危機事件。

所以學會「零落差」的溝通表達，或許不能讓你舌粲蓮花，但能達到「腦、心、口」一致，至少會變得喜歡自己。

所以我相信，**與其學「話術」，還不如學會「說話」的本質**。就好像學習思考，不應該急著問「如何」（how），而是先學會如何提問「爲什麼」（why）。

如果你想學的是怎麼說笑話，把死的說成活的，錯的說成對的，輸的說成贏的，成爲縱橫情場商場沙場籃球場菜市場的談判高手，那些書都在商業類最醒目的地方，聰明如你一定不會找不到。

「講話一定要那麼浮誇，而且用盡心機嗎？」作爲一個從小害羞的人，我覺得那些商業書籍裡，教人要積極、在爾虞我詐的商業談判中取得上風的話術，就像過多的強力抗生素般，病況很嚴重時偶爾用一下可以，但作爲日常使用，並不適合我的體質。

畢竟不是每個人都想要變成超級營業員、政治人物，或是大演說家、大說謊家。我只是想要說話的時候，能夠覺得自在，同時得到應有的尊重，這樣就夠了，有沒有這樣的說話方法，適合我這種普通人呢？

好像沒有。

那就自己摸索吧！

從小只要被老師點名，在全班同學面前唸課文，被批評「聲音像蚊子一樣小」的我，開始獨學如何在「**做自己**」跟「**表達自己**」之間並行不悖，找到即使害羞如我，也可以不緊張、侃侃而談，而且言之有物的方法。

有一天，就像蝌蚪不知不覺掉了尾巴，先長出後腳，又長出前腳，我不知不覺從一個在陌生人面前自我介紹簡直像要我的命的人，進化成一個可以沒有草稿、沒有ＰＰＴ簡報投影，就走上台連講兩個小時也不會跳針的人。

甚至我在國際NGO組織工作，訓練武裝部隊如何進行和平談判，在地方創生的計畫中，教獨立小農如何說故事，變成了我工作的一部分！

但最重要的是，這個台上的我，跟台下的我一樣眞實。

我得到最大的讚美，並不是「你的口才好棒喔！」——因爲那不是事實。

最讓我開心的，是聽到身邊的人說，無論認識我本人、讀我的文字、或是聽我說話，都沒有落差。

太好了！人如其文，口如其人，這就對了，因爲我就是我。

原本害羞到話說不出來的我，甚至能夠開始主持廣播節目、電視節目，從一開始聽到自己說話、看到自己說話都很想死，到後來變得自在；我才發現很多公眾人物的問題，跟我這種害羞說不出話的人恰恰相反，在於一旦面前多了麥克風，或多了觀眾，就會像乩童附身，說起天語，但我們的問題本質都一樣，就是表達有「落差」。**我們要學的，是能夠人前人後，如實地做自己，如一地說自己」**。

無論公開或私下，思考或表達，說話或下筆，面對家人或是陌生人，我本來就應該是同一個人。

這聽起來好像很理所當然，其實很多人做不到！

不相信的話，我們想一想：你是不是有什麼想說、卻說不出口，或說不清楚的話，讓你覺得悔恨？

你是不是有時候在眾人面前總是當開心果，自己一個人的時候卻默默落淚，覺得沒有人了解自己？

你有沒有認識那種人前溫柔敦厚，躲在匿名的電腦螢幕鍵盤後面時，卻變成另外一張嘴臉的人？

所以，可以每一天時時刻刻「做自己」跟自由自在「表達自己」，而且中間沒有落差，是一件多麼暢快的事！

對了，雖然終於學會說話，我還是那個非常、非常、非常害羞的人，看到有人在做街訪，還是會心跳加速趕快拔腿逃跑；工作莫名其妙得罪人，挨告還是得找律師；也不再爲了錢主持電視、廣播節目，甚至連接受媒體採訪的次數，每一年都屈指可數。因爲我發現，原來「會說話」可以不用「愛說話」，這本來就是兩回事啊！

雖然我可以不愛說話，但不能不會說話，而**眞正的「會說話」，不是口若懸河，而是達到溝通「零落差」**。

所以，**學「話術」不如學「說話」**。學會「零落差」的溝通表達以後，或許不會妙語連珠，但變得喜歡自己口中說出來的話，以及說這些話的自己，那才是眞正重要的事。

第一課
學會說話，可以變得更會傾聽
採訪如何教我說話

第二課
學會說話，就學會從別人的角度看世界
「模擬聯合國會議」如何教我說話

第三課

學會說話，要先找到自己的聲音
主持廣播如何教我說話

第四課

學會說話，可以讓反應變快
主持電視直播如何教我說話

第七課

會思考，可以幫助說話

哲學諮商如何教我說話

第八課

會說話，不再苦惱人際關係

面對家人朋友如何教我說話

第九課
會說話，可以解決衝突
NGO和平工作如何教我說話

第十課
會說話，讓我們看懂這個世界
跨文化職場如何教我說話

【實踐篇】

第1課

學會說話，可以變得更會傾聽

採訪如何教我說話

第1課 重點提示KEYWORD

採訪編輯的說話任務

從中學時代開始，我就開始靠著打工，一面幫助自己學習經濟獨立，一面學習認識大人的世界。

當時打工的方式之一，就是寫作。

高中開始陸續投稿，在一些雜誌、報刊上發表文章，雖然我的小說寫得不怎麼樣，但因爲文筆還不錯，所以雜誌社跟出版社，開始問我願不願意幫忙寫旅遊指南，或是當「特約採訪」。

現在想起來，很有可能是編輯覺得我短篇小說寫太爛，不應該再寫，但是既然我寫得又快又多，整天投稿又沒地方刊登，不如拿這個特長做點有用的事。（笑）

寫旅遊指南需要耐心，因爲有非常多瑣碎的資訊，無論地址電話、營業時間、交通資訊、價格，隨時需要更新，所以對一個總是橫衝直撞的魯莽年輕人來說，是一種很好的「修行」。

至於採訪，在當時，「採訪者」跟「撰文者」通常是兩個分開的角色，一個是採訪編輯的任務，另一個則是文字編輯的工作。但如果我可以自己採訪、寫稿一手搞定，對於報社、雜誌社或出版社來說，就可以省不少錢，現在想起來，我有接不完的採訪，一定是勝在便宜好用！因爲一開始，我根本不知道採訪記者要做什麼，就被推上火線，全得靠自己摸索。

我很快就發現，採訪者跟寫稿者之所以分開，因爲跟寫稿者不同，**採訪者需要會說話，知道怎麼問出好問題，才有可能得到有趣的採訪內容**。

因爲如果對方是名人的話，應該整天都接受各式各樣的人採訪，講的話也大同小異，如何能夠說出平常不會說的內容，就是採訪記者的價值所在。

如果採訪的對象不是名人，那難度就更高了，因爲沒有受訪經驗的人，自己認爲值得講的部分（我孫子有夠聰明上學期得全班第一名），跟我眞正想要知道的部分（爲什麼八十六歲半夜兩點還在街上賣玉蘭花），完全不一樣，所以要如何透過我的話語來引導，就變得非常重要了。

真正會說話的人，是會問問題的人

「要怎樣問有趣的問題呢？」很快就變成每次我拿到一個採訪任務時，絞盡腦汁要如何讓素昧平生的受訪者，在有限的採訪時間（通常是一小時）內，說出有趣、概念完整的故事。

剛開始在美國從事企業管理顧問的工作時，我發現這個採訪的能力，對於我很快進入狀況，有很大的幫助。

比如說當一個客戶口若懸河，說著自己的偉大發展計畫時，我就會突然令他措手不及，問一個關鍵的問題：

「請問你這個計畫，哪些地方可能出問題？」

往往就會瞬間扭轉討論方向，客戶知道不能用做業務推銷的方式，說得天花亂墜，隱藏問題，必須說眞話，但是他能夠信任我嗎？

開始到法國學習哲學諮商以後，更發現「**發問的藝術**」，是哲學諮商師與客戶之間的成敗關鍵，問對的問題這項能力，對於採訪記者、企管顧問、哲學諮商師，這三個看起來絲毫沒有關係的工作來說，竟然都這麼重要！

我可以想像，其實在各行各樣，只要是需要用到「說話」的工作，都需要知道怎麼問出對的問題。

真正會說話的人，是會傾聽的人

但是在問出尖銳的問題之前，我還要先取得**對方的信任**，否則只會顯得這個人超沒禮貌。

如何在短短幾分鐘的時間，取得陌生人的信任？

我發現最好的方法，就是讓對方知道，雖然我是陌生人，但我是一個使出洪荒之力，全心全意用靈魂在傾聽他生命故事的陌生人。

一般市井小民需要値得信任的人傾聽，常常被消費的名人，其實更需要！眞正會說話的人，往往是最會傾聽的人。

和一個陌生人，很快能夠深談，絕對不是開口說話就可以；第一步是傾聽，第二步是建立信任，第三步才有資格開口問問題。而**在能夠傾聽之前，我還必須是一個眞心喜歡面對人、對陌生人充滿好奇的人**。

喜歡旅行的人，通常比較多具備這個特質。

我們以爲會說話的人就是「口才好」，其實這是莫大的誤解。

但是作爲採訪者，我只有很短的時間，要怎麼在一個小時之內，達到這個目標呢？在採訪陌生人的過程當中，我慢慢學會如何跟陌生人說話的方法。

好奇心讓採訪變立體

——採訪余光中的經驗

我對人的好奇心，從見到一個人**之前就開始**。比如每一次採訪之前，我都會想辦法去多知道一些關於採訪者的各種事。

記得有一回接到任務，要採訪當時在中山大學院擔任文學院長的已故詩人余光中，我發現自己對這個從小就出現在課本上的詩人，除了課本上制式的作者介紹之外，其實所知無幾。

我做了一些功課以後，發現這個課本上的名字，慢慢變得立體了。

原來余光中從小就是超級無敵文青！一般人入伍都是乖乖當兵，他卻出了第一本詩集《舟子的悲歌》。在一九四九年時代最動盪的時候，大家逃難都來不及了，他不但念外文系，而且還念了四所，考上北京大學。北方動亂，於是靠家人用關係進了南京的金陵大學。一九四九年轉去廈門大學，一路到台灣，爸爸要他轉學念台大，小余光中竟然嫌台大外文系師資不夠好，要性子不肯！後來勉強屈服去報考竟錄取了，才念到畢業，當完兵就趕快去美國留學，看來他爸媽根本是最早的虎爸虎媽！

原來余光中除了是眾所周知的詩人、散文作家，還有很多不同的面向，應該是來自爸媽意見很多的家庭，也是個自己意見很多的文青，是個去美國念書的留學生，大學老師，是一個男人，一個聽話的兒子，一個娶了自己表妹的丈夫，一個意外掀起鄉土論戰的知識分子……而我在西子灣的系主任辦公室見到他時，我看到的是一個清瘦的老人，眼前攤著稿紙和鋼筆，沒有開冷氣，也沒在用電腦。

換句話說，他跟我們一樣，也是一個普通人，但是他又跟我們都不一樣，是個不普通的人。

不普通的余光中，有沒有什麼特別開心想跟人說的事？這輩子有沒有什麼他想做卻沒有做，覺得遺憾的事？什麼是讓他特別傷心，不想觸及的回憶？他想要世界看到的自己，是什麼樣子？他有沒有誤解這個世界，或是覺得自己被世界誤解？而普通人的余光中，晚年移居南台灣，在我幼年成長的故鄉高雄生活，他開心嗎？他會想要我問他什麼問題？不想要我問什麼問題？

我自己喜歡寫作，想要一輩子寫作，如今有機會面對這個素昧平生的前輩，我有好多想要知道的事情。但不只是爲了我個人的好奇，更是好奇他作爲一個文人，來自一個跟我完全不同的時代，看待世界的方式。

「我什麼都想知道！」

因爲命運受到未知的大環境影響，選校選系時面對家庭的壓力，和別人觀念不合，這都是人生會遇到的課題，余光中身爲一個經歷這一切的長者，回頭是怎麼看這些事的？這些都是我特別好奇的事，他的答案，也可以幫助我在未來做決定。

「我就來問這些**我自己最感興趣的問題**吧！」

當我帶著無盡的好奇心，去採訪一個人時，我知道這是一個好的開始，因爲我看到這個遙遠的名人跟我之間，原來是有共通點的。

如果我覺得自己都知道了，而且對於受訪者的想法不關心，那麼一定會是非常失敗的採訪。

我第一次、也是唯一一次見到老去的文青詩人余光中，現在我不太記得他那天說了什麼，但我永遠不會忘記，那個炎熱的下午，有一個叫做余光中的和藹老爺爺，認眞回答眼前好奇的年輕人問的每一個問題，並且拿出稿紙，用鋼筆一筆一畫，認眞抄了一首短詩給我。那種溫暖的感受，我一直都沒有忘記。

我們都需要被傾聽，而不是被告訴
——採訪聖嚴法師的經驗

另外一回，我被安排去採訪當時還在世的台灣法鼓山創辦人聖嚴法師。在採訪之前，老實說我焦慮了好一陣子，因爲我是一個對於佛法完全不了解的人。雖然對於聖嚴法師這個人很好奇，因爲他小時候是沙彌，後來還俗、從軍、又剃度，進入禪門，披著袈裟去日本念完博士，肯定是一個人生精采的人，但這並不代表我對於宗教，也有特別想要了解的好奇心。

我很擔心因爲自己什麼都不懂，如果亂問一通，聖嚴法師會不會覺得不爽，竟然派一個這種小癟三來採訪大師，拿掃把把我轟出去？（顯示爲內心小劇場很多）

我還記得，當時雜誌總編輯要我去採訪的題目，是聖嚴法師剛剛開始提出的一個概念，叫做「心靈環保」。

「環保」這個概念我懂，因爲隨著時代進步，環保意識抬頭，多元的環保議題不斷地引起各界關心。對年輕人來說，就是影印紙要印兩面，用完要回收，然後不要用太多塑膠，沒有使用的電器要隨手關掉電源。

但加上「心靈」兩個字，我就不大能領會了，覺得好像是個很空虛的口號，心靈難道可以回收再利用嗎？難道心靈可以減量使用？

有時候，採訪者想要在受訪者面前表現出自己「很厲害」的樣子，因爲這些受訪者，往往是社會上的有錢人、明星、大老闆、成功人士，所以很擔心自己在這些人的面前，看起來很遜，所以不懂裝懂的時候還滿多的。

比如在問CEO問題時，我們很常看到記者往往會先賣弄一番：

「……由於TA數量與濃度的關係，我們會發現 Retention 與ROI並不是固定的數字。投放越久，從一個通路上來的會員的 Retention 與ROI會開始明顯的下滑。這時必須再找其他管道接觸TA，並且持續調校產品來保持 Retention 與ROI。直到有一天，在某個特定TA區塊中『封頂』，這時則要開始思考，要用什麼樣的角度去延展產品的TA，在不致影響原有TA的使用體驗前提下，幫產品找到下一階段的成長。請問面對這個困境，您要怎麼做呢？」每一個研討會上，都會聽到這種很「厲害」的記者，問大公司的總裁。

有一回，總裁聽完以後，只是笑一笑說：

「既然你這麼厲害，都分析完了，你要不要自己回答就好？」

當場讓這位記者超難堪。

我原本覺得這個CEO很驕傲，但是回家後仔細回想，聽到這樣的問題，大概沒有人想要回答吧？

我們都需要被傾聽，而不是被告訴。

即使大公司的CEO也是一樣。

「換成發問的人是我，我會怎麼辦？」

只要我聽得懂，就能讓更多人聽懂

因爲我什麼都不懂，而且大多數的讀者，應該跟我一樣，也不大懂，所以我作爲採訪者，要確定我聽懂，沒有誤解，才有可能把很艱深的概念，無論是商業還是宗教，「轉譯」成讓不懂的人也能順利聽懂，而且覺得很有趣的內容。

所以見到聖嚴法師，我很誠實地跟他說，我對佛法懂得很少，但是**如果連我都能聽懂**什麼是「心靈環保」，我就知道該如何能夠讓跟我一樣聽不懂的人，也都能聽懂，而這就是我採訪的目的。

纖瘦而斯文的聖嚴法師，滿面笑容地點點頭：

「物質環境的汙染不離『人爲』，而人爲又離不開人的『心靈』。如果人們的心靈清潔，我們的物質環境，就不會受到汙染。」

於是聖嚴法師，用小朋友都能夠聽懂的話語，開始跟我清楚地說明心靈跟環保的關係，比如汽車會製造空氣汙染，但主因根本不是汽車，而是人想買車的慾望。

很多人認爲有車階級比較能夠炫富，所以才會買並不眞正需要的汽車，造成城市的交通阻塞跟空氣汙染，連帶造成石油消耗的環境汙染。所以心靈環保，就是打從心裡知道，住在公眾運輸發達的城市，其實不需要買車；在市區開超跑顯然沒有實用性，只是爲了讓路人羨慕，就是心靈不環保。

太好了！這比之前聯絡法鼓山公關部門的法師，跟我解釋一堆《維摩詰經》說什麼「心佛及眾生，是三無差別」，《華嚴經》裡面又說什麼「心如工畫師，畫種種五陰」，要清楚好幾百倍啊！大師果然是大師，可以化繁爲簡！

因爲我那一次採訪，完全聽懂了，也覺得很有道理，聖嚴法師過世後，我甚至接受委託，協助創辦法鼓山的一份環保雜誌《環保人》。或許就是因爲**我不會不懂裝懂，而會仔細傾聽，聽不懂的一定會問，也不會假裝問問題，其實在賣弄自己的學問，所以只要讓我能聽懂，我就能說明給更多人聽懂**。

採訪者必須是很會傾聽別人說話的人，這樣我才能夠把專業的語言，「翻譯」成爲市井小民的語言，這才是我的價值所在。否則聰明人這麼多，根本不缺我這一個腦袋差的啊！

證明自己值得信賴
——採訪翁倩玉的經驗

有一年，我接到一個特別的採訪計畫，是爲旅日的台灣歌手翁倩玉寫一本傳記。關於翁倩玉，我知道的，跟所有人已經透過媒體知道的，其實沒有什麼兩樣。我很懷疑，身爲採訪者，我眞的能夠「挖掘」出沒有被寫過，而且不同視角的故事嗎？

懷著忐忑不安的心情，我到了東京，心裡完全沒有底，不知道要花幾週、幾個月，還是一、兩年來完成這個計畫，委託我的出版社，顯然也沒有時間表，因爲我們面對的是一個活生生的「人」，而不是一個「出版計畫」。

一開始，我感受到翁倩玉其實也跟我一樣惶惶不安。畢竟我只是一個毫不相識的陌生人，卻要介入她的生活，跟著她去辦公室上班，搭著新幹線跟著到處巡演的行程，跟著她的家人一起吃飯，就連她抱著心愛的狗，最沒有防備的時刻，也有一雙陌生的眼睛，在旁邊盯著她。

我們從她小時候講起。有一天，終於無可避免地講到了她的愛情與婚姻，我可以感受到空氣中緊張的氣氛，以及翁倩玉口氣中欲言又止的遲疑。

我知道這樣下去，我們都沒有辦法完成工作。

於是我放下手上的紙筆，看著翁倩玉說：

「Judy，我不是狗仔，沒有要挖祕辛，也對於任何人的隱私不感興趣——將心比心，我也不喜歡別人探究我的隱私。

「我眞正感興趣的是，我們怎麼告訴讀者『翁倩玉是誰？』，妳如何變成今天的妳？妳想通過我的筆，告訴這個世界什麼？

「請放心，這本書裡，只會有妳想說的事，不會有妳不想要說的事。」

我知道對於一個公眾人物來說，伴隨著「信任」而來的，是很高的風險。作爲一個採訪者，我當然可以說動聽的話，花言巧語去贏得對方的信任，引導受訪者卸下心防，暢所欲言，但是隔天醒來後悔莫及。這或許有時會幫助我找到聳動的故事，但長期來說，只會證明我果然是個不值得信任的人，爲了一篇文章、一本書做這樣的事，再多的錢也不值得。

只有時間、行動跟事實可以證明，我是一個值得信任的人，就像余光中願意信任我一個下午，聖嚴法師願意信任我一天，ＢＢＣ自然知性台的製作人Mike Gunton願意相信我一個禮拜。作爲一個好的採訪者，**必須證明我是一個值得別人信任的人**——這是我在開始從事採訪工作前，從來沒有想過的事。

翁倩玉的這本傳記問世以後，我們並沒有因爲工作結束而斷了聯繫，實際上，我們彼此的聯繫反而更加頻繁。有時她會問我對於單曲的意見，我知道最好的回答就是誠實；版畫入選日展的時候，與我分享好消息，我也眞心地爲她高興；只要有機會，我也會主動提出可以協助推廣她參與的慈善活動。雖然她總是必須更換不同的電子信箱，或是不同的臉書帳號跟我聯繫，但是我一點也不介意，反而讓我更加能夠體會，身爲一個從小就生活在聚光燈下的公眾人物，日常生活受到如此多騷擾，而爲了要維持一點點隱私，竟需要花費多大的力氣和功夫，除了感謝她對我的信任，也讓我更加珍惜自己的平凡。

從那次經驗以後，我對於所有的採訪對象，無論是大有來頭的國內外名人，還是失智症病患默默受苦的家庭照顧者，經營農場、牧場的獨立小農，採訪時我都抱著同樣的誠摯態度：我的工作不是爲了挖掘陰暗的祕密，也對於個人隱私不感興趣，每個人的生命，多多少少都有不爲人知的困難，作爲採訪者，我做的只是遞給受訪者一個大聲公，讓閱聽者可以透過當事人的視角來看世界。

每個聽到故事的人，可以自己決定要如何評斷，但作爲採訪者，我只需要全心去信任對方，幸運的話，或許也能被對方信任。

問對的問題，從「是什麼？」到「為什麼？」

我開始透過採訪學習說話，學習最快的時候，是爲了一個三小時的電視新聞節目腳本撰稿。當時是一九九二年，標題是「ＸＯ、賓士、滿天星：迷失在炫耀中的台灣」，那個時候台灣人的豪奢，現在回頭看，是一個相當奇妙而陌生的時代。

當時的我，對於社會現實的理解其實有限，所以採訪我不明白的事物，總會把大部分的精力，花在問受訪者「是什麼？」（what）的問題，就好像一個好奇的孩童，每看到一樣新的事物，都會問「媽媽，那是什麼？」是一樣的道理。

但是慢慢地，我發現自己開始從「是什麼？」（what）的問題，轉變成問「爲什麼？」（why）的問題。

二〇一八年時，我在NPOst公益交流平台的專欄，透過採訪，想知道爲什麼有許多國內外的收容機構，要求每個住進去的遊民都必須遵守「生活公約」，比如禁止賭博、禁止喝酒、禁止大聲聊天、夜歸限制、禁止男女交往、按時就寢、必須在規定的吃飯時間用餐等。這些在一般成年人的生活中，除非是嚴密戒護的監獄，否則是不存在的規定，比軍隊還嚴格，只要遊民違反，就會被趕出收容所。

作爲一個採訪者，我在前後兩段相距將近三十年的採訪中，清楚看到自己問問題時的明顯改變。

我從一個凡事問「what」的人，慢慢變成一個開始深究「why」的人。

這兩種類型的問題，都非常重要，因爲如果不知道「是什麼」，其實根本輪不到問「爲什麼」。我很驚訝地看到自己從學會問事物表面現象的問題，到學會問事物的本質及其產生原因的問題，這中間竟然花了如此漫長的時間。

或許再過三十年，有一天我會有能力開始問「如何」（how to）的問題，像是如何改變人以奢侈消費來建立社會地位，如何改變世界對於貧窮者的歧視，但那會是最困難的問題，也是一個眞正的領導者，必須面對的問題。

無論哪一類的問題，我都相信眞正會說話的人，一定是會問好問題的人。

而好問題，一定有由淺到深的順序。

首先要知道如何問「what」類型的好問題，才能「知其然」。

然後要學習如何問「why」類型的好問題，才能「知其所以然」。

這兩類的問題都清楚了，才能開始學習問「how to」類型的問題。

許多人說話時犯的錯誤，就是一開口就好高騖遠，問的都是「how to」，這也難怪大公司的總裁，在面對記者問「如何在不影響原有TA的使用體驗前提下，幫產品找到下一階段的成長？」這種聽起來很厲害的問題時，會嗤之以鼻。

因爲當採訪者，很明顯根本不知道自己說「下一階段的成長」在what的層次是什麼意思，而且既然是創新，在why的層次，也不知道爲什麼使用者的體驗不能夠被影響，所以採訪者根本不知道自己口中說出那個好像很厲害的「how to」的問題，根本是無效的。

學會說話，就要從有能力問好的問題開始，而好的問題，一定要從what開始，然後是why，最後才有可能是how to，沒有捷徑。

不是每一個問題，都需要解決，有時候那是世界領導人的事，所以不見得要問how to。

也不是每一個問題，都要問爲什麼，有時候那是哲學家的事，所以不見得要問why。

但是每個問題，都要知道是什麼，否則就無法理解，所以一定要問what。

只要記得這麼做，說話就會變得很簡單；忘記這麼做，說話就會到處撞牆碰壁，無論口才多好都沒有用！

第 **2** 課

學會**說話**，就學會從別人的角度看世界

「模擬聯合國會議」如何教我說話

第2課 重點提示KEYWORD

發言的八個技巧

1. 先換一個腦袋思考，再說話
2. 先了解程序，再說話
3. 確定自己說話的目的，再說話
4. 「辯論」本來就不是「表演秀」
5. 確定自己符合國際禮儀，再說話
6. 該說話的時候，就要說話
7. 用不是自己的母語，慢慢說話
8. 尊重

「說話」不是「辯論」

在學生時代，我超級害怕上台講話，可是三不五時，卻會被老師派去組對參加「辯論比賽」。

我被選進辯論隊，應該不是因爲我很會講話，而是我在班上講話沒有「台灣腔」，「肉絲」不會講成「漏失」，而且驚訝的時候不會冒出髒話，或是突然大聲說出「嘿ㄇㄟ！」或是「ㄏㄡˇ！」所以就被拉進去湊數了。

對於辯論，我其實最討厭的還不是「上台講話」本身，最讓我不舒服的是要學那種咄咄逼人的方式說話。

而且辯論隊的隊長，往往是平常全班覺得講話最咄咄逼人的那個同學，但老師不知道爲什麼，都很愛那種人。

「喂！一定要這樣嗎？」

以至於每次辯論比賽結束，我都很厭世……

我不喜歡那樣的自己。

我一點都不覺得很會辯論的人，就是會說話的人。

但這種觀點，在老師眼中顯然很不尋常。老師一定不清楚，「會講話」跟「人緣差」

似乎在孩子之間會畫上等號。從小害羞的我，很害怕沒朋友，所以覺得會講話是很糟糕的缺陷，被選進辯論隊，還要刻意在同學面前表現出極端不情願的痛苦表情。

但是從高中、大學開始，我不知道爲什麼，交朋友變得順利許多，人緣變好，也開始熱衷主動參與一個叫做「模聯」的活動。

所謂的「模聯」，就是「模擬聯合國」（Model United Nations，縮寫ＭＵＮ）暱稱，那是一種學術性質活動，仿效精簡後的聯合國議規舉行模擬會議，讓參加者了解多邊外交的過程，培養分析公民議題的能力，促進世界各地學生的交流，增進演講和辯論能力，提高組織、策劃、管理、研究和寫作、解決衝突、求同存異的能力，訓練批判性思考、團隊精神和領導才能，同時認識不同文化，拓展國際視野，了解各國在歷史上或現實中的立場與處境（以上是維基百科說的）。用一句白話來說，就是讓年輕人知道聯合國裡的外交是怎麼運作的（以上是我說的）。

模擬聯合國活動，廣泛開展於世界各地的中學生和大學生間，每年全世界都會舉辦數十場國際性的模擬聯合國會議，參與的總人數超過四百萬人，台灣的參與人數也有越來越多的趨勢。

一開始我會參加，其實應該不是對於聯合國、外交有興趣，只是身體內逐漸壯大的「旅行魂」作祟，想藉由這個會議，名正言順地在學期中去奇怪的地方旅行，並且認識來自世界各地，平常生活圈中絕對不會結交的朋友。對我來說，這只是換一種形式（從正反方變成多方）、換一種語言（從中文變成英語）來「辯論」，沒想到深入了解之後，才發現這跟我從小覺得反感的辯論比賽，基本精神是完全不同的。

我後來之所以會去埃及念書，也是拜到開羅美國大學參加國際模擬聯合國大會之賜，認識了被分到同隊埃及出生長大的印度裔朋友安南，我們被分在同一組共同代表北韓，瞬間成爲麻吉的緣故。

直到現在，有時候我還會應邀回到大學的母校，以過來人的學長身分，訓練學弟妹們如何準備到國外參加模擬聯合國。

我雖然討厭辯論，但喜歡國際模擬聯合國大會，因爲我認識到**「辯論」跟「發言」的不同**，而「發言」教會我八個說話的重要技巧。

第一個技巧：先換一個腦袋思考，再說話

首先，在會議當中，雖然我是國家派出的代表，但我不能代表自己的國家，而必須根據抽籤結果，扮演世界各國外交官。有的時候是「單人代表制」，一個人代表一個國家，也有的時候是「雙人代表制」，兩個人同時代表一個國家，所以像我跟安南那一次就被派代表北韓。

「拜託！我怎麼會知道北韓的外交官怎麼想呢？」我一看到抽籤的結果，就跟我的夥伴安南叫苦連天。

知道自己要代表哪一個國家之後，就要開始搜集代表的國家的政治家、代表人或甚至人民曾經說過的話、做過的行動，有些甚至要事先寫出「立場文件」（position paper），不但幫助自己確認代表國家的立場，別人也可以預先知道你的態度跟角色。搜集資料後才依現實或虛構的國際狀況，來模擬進行聯合國中的各種會議。但是北韓根本沒有什麼正式的外交資料，這要怎麼準備？

「這還不簡單？想一想就知道了啦！」安南雖然年紀比我小一點，卻一副老神在在的樣子。

安南作爲一個在以穆斯林爲主的埃及出生長大的印度人，而且身爲吃素的印度教徒，

對他來說，進入異文化的思維是一種第二直覺。所以他教我從新聞事件中，知道他們的盟友是哪些國家，敵人是哪些國家，然後想一想這些盟國有什麼共同的特性，敵國又有什麼共同的特性，其實就可以分析得八九不離十，有了這些，其實就有足夠的立場寫「立場文件」了。

「**先決定立場**」這一點，對於我後來說話非常有幫助，因爲通常一個人說話沒道理，其實是他的立場不清楚，想討好所有人，或根本不知道自己應該站在什麼樣的立場。

比如在家庭中，身爲父母的立場，肯定跟朋友不一樣，但若父母硬要假裝自己是孩子的朋友，說出來的話就會怎麼聽、怎麼怪。

因此，我必須完全把自己放空，換一個腦袋，去了解一個來自象牙海岸或是古巴的外交官的立場是什麼？他會怎麼想？怎麼說？贊成什麼、反對什麼？說出來的話是眞心？還是基於外交立場，不得不這麼說？

更重要的是，這個人爲什麼會這樣想，這樣說。換一個腦袋思考，而且立場分明，因爲外交官不能假裝自己是好好先生，心胸超展開、沒預設立場，這一定是假的。參加模擬聯合國，對於我提醒自己**學習改變視角看世界**，有超重要的意義。

第二個技巧：先了解程序，再說話

「主席，我抗議，發言者違反議事規則！」在埃及的模擬聯合國會議中，我們還有一位從美國來的義大利人瑞克，他的招牌動作，就是舉手打斷發言者，糾正議事規則，有時候一個小時之內可以提出二十幾次，都快把大家搞瘋了。

「瑞克眞的很白目！」到後來每次只要看到他舉手，大家就叫苦連天，因爲這意味著我們不得不中止正在進行的議題討論，進到動議事項。

但是慢慢地，我發現瑞克提出的糾正，大多時候是有道理的！

因爲模擬聯合國會議的參加者，必須按照聯合國眞正會議的規則和程序進行發言、遊說、辯論、談判，國家集團間達成共識，產生決議草案，並按照聯合國的表決程序進行投票從而形成決議（resolution）。有些高品質的模擬聯合國會議，甚至會被認爲是聯合國正式會議的「會外會」，正式呈到會議中模擬的委員會，包括聯合國旗下的國際組織，通常圍繞聯合國下屬的六個部門，例如聯合國安全理事會、聯合國經濟及社會理事會、世界衛生組織、聯合國難民署、歐盟理事會、伊斯蘭合作組織和亞太經合會等。

模擬聯合國會議的參與者不可能什麼都懂，即使是眞正的聯合國外交官，也不會什麼都懂，所以需要在會前的四到九個月裡，對所代表國家的國情、外交政策和會間將討論的議題，進行深入研究和充分準備，並完成「立場文件」的寫作，同時出席所有正式會議前的工作會議。這跟辯論比賽的臨場機智反應非常不同，臨場反應好、腦筋動得快、口若懸河的能力，突然變得沒那麼重要了，連「急中生智」這種在辯論上很有價值的特質，都忽然變很low；這能力好像比較適合去百貨公司的週年慶花車叫賣，並不適合聯合國的外交思維，因爲**在外交場合，發語權屬於有準備的人，而不是想到什麼說什麼的人**。

然而什麼才叫做有價值的話呢？

透過瑞克的眼睛，我開始看到在會議中，原來很多人說話不經過大腦，總是靠急中生智，腦筋急轉彎，福至心靈，插科打諢，雖然好像也能順利活下來，但是在模擬聯合國會議中，卻肯定會被其他成員看不起，因爲那些話都是沒有價值的話。

瑞克之後跟我成了非常好的朋友，我們一直保持聯絡，後來他去了巴基斯坦，建立了當地最重要的人權組織，一直到現在。

第三個技巧：確定自己說話的目的，再說話

每一個模擬聯合國會議的代表，都可以在會議當中提出程序性動議、辯論議題、提案、修正案和就議案表決等等，意思就是說，**每一個人在發言的時候，自己都要很清楚**

地知道，也要讓在場的每個人都知道，你開口說的，究竟屬於程序性動議、辯論議題、提案、修正案，還是就議案表決。超過一種以上目的的發言，不能混在同一段發言裡面說，也不能一開始說自己要提修正案，結果說完之後，發現自己提的根本就是程序性動議。

這個原則對於我在哲學諮商中說話也超級有用。因爲當我們在課堂上要舉手發言的時候，哲學老師奧斯卡就會先問我們：

「你現在是要發問，要表達個人意見，還是要提出動議？」

我們一定要先說清楚自己發言的目的是什麼，才可以開始講。

即使如此，我們也會時常聽到那些說自己是在發問的人，其實根本就是在表達個人意見，**只是用假問題來包裝罷了**，就好像一個母親跟小孩說：

「你不覺得你現在應該去洗澡了嗎？」

這媽媽根本不是在發問，而是在表達自己的意見啊！但是我們開口前，如果沒有先確定自己說話的目的，很多時候，就會說出不合理的話，也因此不會被聽的人接受。

如果代表在任何時候需要針對其他代表在發言中，涉及自己國家的語句或批評做出反駁或評論時，大會主席可以在所有代表發言結束後允許代表行使答辯權，而不會立刻讓雙方指著鼻子針鋒相對，互相指責。

這個發言規則也讓我學會，**衝動時最好不要立刻說話**。眞正值得說的話；比如爲自己被誤會而辯白，無論隔多久都值得說，如果過了某個時間點就不值得說的話，顯然不是太重要。

雖然可以提出來的發言類型很多，但在提出每一個發言時，必須清楚說明，我接下來要說的話，是屬於反駁，還是提問，或是提案，甚至是程序動議。這讓我認識到，**一個頭腦不清楚，不知道自己想要說什麼，只急於想要表達自己的意見、或反應自己情緒的人，是沒有條件說話的。**

第四個技巧：「辯論」本來就不是「表演秀」

聯合國會議雖然議程當中也有「辯論」的元素，但辯論除了像傳統辯論比賽的「正式辯論」（formal debate）之外，還有另外兩種方式：一種是所謂的「有主持核心磋商」（moderated caucus），另一種叫做「自由磋商」（unmoderated caucus）。而各國代表在過程中，也可以透過互相傳遞意向條來私下協商。

即使在正式辯論中，各國代表也不能長篇大論，必須透過舉起國家名牌（placard）在發言名單上登記，由大會主席決定發言國家，並按議事規則限時（一般爲兩分鐘）輪流發言，所以都只能講重點。至於那些又臭又長的心路歷程就免了，誘拐人推坑的話術也免了，我喜歡這樣直接而不繞圈子的辯論方式。

如果是暫停所有議事規則的「有主持核心磋商」，大會由主席主持對某一問題進行固定主題的磋商，代表們在提出此類動議時，必須說明主題、總時長以及每位代表發言時長，需要經多數投票同意通過，才可以進行。也就是說，遊戲規則是大家先約定好才開始進行磋商，所以議題不會被綁架。

至於在「**自由磋商**」中，大會代表們在提出此類動議時，也必須先說好將暫時中止大會的總時長，需要多數同意才可以按下這個暫停鍵，這段時間代表們可在會場內離開座位自由地相互磋商討論、遊說、撰寫文件。這時候，大家就會看到安南、瑞克和我，我們三個雖然來自不同的國家，但是無論印度、義大利還是華人世界，都是超級講究人情的文化背景，所以我們會突然變成花蝴蝶般穿梭在全場，一對一展開誠意溝通，看著對方的眼睛，面帶笑容，徵求各國代表連署或是下一輪投票的支持，這一招超有效！老實說，我即使直到現在工作中也還在使用這個方法。

也就是說，辯論的好處都保留了，但是我之所以討厭「辯論比賽」的壞處都沒有了。模擬聯合國會議的規則教我，原來「**辯論**」**的眞諦，不需要是一種站在人前的「表演」，而可以是誠摯的開放式辯論，讓眞理越辯越明。**

第五個技巧：確定自己符合國際禮儀，再說話

剛進台大的時候，曾經跟幾個好朋友擠破頭去參加全程英語的「國際禮儀」訓練營，至於當時爲什麼會願意接受重重競爭去受虐，已經不復記憶，只記得當時人見人怕、如冰山美人般的外文系學姊，是後來去當了電視節目主持人的高怡平。殘留的印象當中，那段時間好像知道了幾百種湯匙的不同用法，還有西裝的至少六千種式樣細節，整天當背包客穿著夾腳拖的我，要從頭學習如何走路、吃飯，用優雅的方式介紹自己的女伴，用得宜的方式稱呼各種不同頭銜的人，總之就是一整個做作到不行。

所以後來只要聽到「國際禮儀」幾個字，都會一陣胃絞痛。

不幸的是，模擬聯合國會議的議事規則，也有一整套的國際禮儀必須遵從；但幸運的是，那套國際禮儀，不是爭論叉子可不可以直接把肉戳起來吃掉，還是要像英國上流階層那樣，完全違反物理的原則，把切成小塊的肉，用刀背輕輕推到反過來的叉子圓弧面上，再若無其事地送進嘴裡這類讓人抓狂的規定，而是正式的羅伯特議事規則、歐洲議事規則、模擬聯合國議事規則或聯合國大會的官方議事規則。

議事規則裡，有對於會議服裝的要求，代表必須在會議期間穿著正裝，但也可以選擇穿著傳統民族服飾或西裝，只是不能戴帽子，不得飲食或抽菸，基本上就是要體面。

這種對於發言者外表的紀律，讓我意識到自己要夠像樣，才能要求別人聽我說話，否

則**你沒把別人當一回事，別人也不會把你當一回事**。

說話之前，態度要正式，外表要得體，無形中也打破了從小大人時常告訴我，「喬事情」就是要「會喝酒」來拉攏距離，或是要用長袖善舞的「社交手段」才有智慧，或是眞正重要的事都必須在檯面下進行的迷思。

雖然這種走檯面下的人，在聯合國會議裡當然也有，但是我知道如果那不是我喜歡的形式，我並不需要變成那樣，完全可以不要選擇那一套從小就讓我覺得不舒服的手段；選擇遵守羅伯特議事規則，一切照規矩「正派經營」當然也可以，沒有任何問題，這個體悟讓我心頭頓時輕鬆許多。

規矩、正派，這才是「國際禮儀」的眞正用意！把國際禮儀的儀式當作最重要的部分，其實就是大人扮家家酒罷了。

所以我還是可以直接把肉用叉子戳起來大口吃掉，不需要怕肉從叉子背面滾到桌下，也不必把好吃的肉和進難吃的馬鈴薯泥裡面。只要穿得乾乾淨淨，有沒有領帶背心，第一個、第二個釦子有沒有扣，袖子有沒有捲起來，其實都不重要，眞是太好了！

畢竟「社交」與「說話」，兩者之間雖然有關係，但從來就不是相同的兩件事，不需要也不能畫上等號。**國際禮儀作爲一種說話的「態度」，而不是拘泥在「儀式」**，是模擬聯合國會議教會我的事。

第六個技巧：該説話的時候，就要説話

模擬聯合國會議每一個階段都要經過「投票」這件事，要決議得投票，這不意外，但即使想要中斷，也要投票通過。中斷時間多長，中斷辯論時每個人發言時間多長，次數有沒有限制，也通通要投票通過。一開始覺得很囉唆，沒有效率，慢吞吞的，不夠靈活，什麼事都得付諸投票。但一次又一次的唱名投票，慢慢地教會我什麼事都要在當下表態、做選擇，否則無論是躲在無窮無盡的灰色地帶中，或是讓別人來爲自己做決定，都是不負責任的表現。

當代表們認爲決議草案及修正案已討論成熟，就可以提出結束辯論的動議，進入投票。

在投票階段中，主席將進行點名唱票，按照國家英文字母順序點名，被點到的代表回答「贊成」「反對」或「棄權」。一份決議草案表決通過後，將不再表決其餘決議草案，通過的決議草案將成爲大會的決議案進行公告。

一旦草案通過決議，議題討論即宣告結束，隨即進入下一議題的討論，直至所有議題討論完畢，會議方爲完結。

所以無論是贊成或是反對，都要意識到「**時機**」的重要性，雖然這個世界上不是所

有事情都黑白分明，很難百分百絕對贊成、或是反對一個提議，但不能忘記凡事當然都有「傾向性」。就像網球賽中，過網的球只有分界內和界外，剛剛好壓線，難以判斷，需要出動鷹眼跟裁判團的狀況，其實是很少見的。所以只要落在界內，無論靠近網前，或是接近底線，其實都不是那麼重要；而只要是界外球，無論多麼靠進場內，也沒有任何得分的價值。

與其膠著在不會改變界外或界內定義的細節，不如明快地**做出決定，適時表態**，總是猶豫不決，或決議後提出抱怨，只能證明自己果然是個差勁的球員！

第七個技巧：用不是自己的母語，慢慢說話

模擬聯合國會議中，通用的語言是英語，對大多數的參與者來說，英語都不是自己的母語。一開始我覺得必須用英語思考，加上不熟悉專有名詞，非常的「卡」。比如說在擬草案時，規定要分為兩部分，第一部分類似前情提要，稱作perambulatory clauses，其中第一個字的開頭，必須使用像affirming、having adopted這種法律味十足的字。第二部分則是闡述執行動作的段落，稱作Operative clauses（執行條款），裡面要用「分條款」（sub clauses）甚至「分分條款」（sub-sub clauses，也就是分條款的分條款）讓內容更完整時，

必須要和主條款連成一句話，也就是說要整個條款通順。這個字斟句酌的過程，即使用自己的母語，都已經招架不住了，更何況是一群人要一起用不是自己母語的語言思考，而且達成共同協議。這種「慢」，是讓從小被灌輸講求效率的我，一開始就無法理解的。

但很快地，我發現大家不是用自己的母語時，一個字一個字慢慢推敲，原來有那麼大的好處。

因爲平常，無論是有意或是無意的，只要是能言善道的人，基本上都成了用母語說謊的天才，用很多華麗的辭藻，雙關的語句，去包裝、掩飾眞正的意圖。但在模擬聯合國會議的場合，每一個使用的字，都要大家能夠理解，也能夠同意這個字的意思，文字遊戲中任何的掩飾跟玩弄，都會立刻在「這個字到底是什麼意思？」這個簡單的質問中穿幫、露餡。

因此，**用不是自己母語的語言，放慢速度說話，其實會幫助我們面對自己眞正的想法，讓我們變得更誠實。**

第八個技巧：尊重與霸凌

最後，每一份會議文件都必須經過投票表決，包括修正案和決議草案。

以決議草案的表決來說，在場代表數必須多於三分之二，而且任何文件都必須得到有效票中三分之二的贊成票才可以通過。

這個需要三分之二票才能通過草案的制度，讓我意識到**少數服從多數、多數尊重少數**的重要性。我的「個人價值觀」跟「集體價值觀」當然會有衝突的時候，雖然集體價值觀有可能是錯的，禁不起時代的考驗，但是我不能不理解集體價值觀就是所謂的「常識」，我不能因爲堅持個人價值觀，而做出違反常識的事。

然而在安全理事會中，美國、俄羅斯、中國、英國和法國任何一個持有否決權的常任理事國一旦投反對票，不管票數如何，該文件也會即時被否決。

常任理事國擁有否決權，當然是非常不公平的，但是這也忠實反映了國際局勢的現實。學習吞嚥現實不公平的苦澀果實，讓我對於現實的殘酷更能體悟，也提醒自己，一旦自己成爲那個擁有否決權的王牌，在做決定時要更謙虛、更謹慎，否則就是一個團體中讓人討厭的霸凌者。

就這樣，在一次又一次的模擬聯合國會議中，我透過這八種說話的技巧，慢慢深入了解國際議題，訓練解決問題的能力，學會靈活地運用英文，提升社交能力，培養協調者（而不是領導者）該有的風範，也慢慢建構起上台發表意見的自信。

第 **3** 課

學會**說話**，要先找到自己的**聲音**

主持廣播如何教我說話

第3課 重點提示KEYWORD

想一想

如果你不喜歡聽到自己說話,

是不喜歡說話的內容、說話的方式,

還是說話的聲音?

找到自己的聲音

有些人眞是矛盾，明明超愛唱卡拉ＯＫ，覺得自己唱得超好，還常常自豪地說比原唱還厲害，但如果眞的用手機錄下來播放給他聽，卻會大驚失色地急忙阻止：

「啊！太可怕了！我不要聽！」

我常常在想，這些人的眞正問題，**到底是不了解自己的聲音，還是不喜歡自己的聲音？**

曾經我也是一個不了解、也不喜歡自己聲音的人。一個人在找到自己的聲音之前，其實學習說話是不會有效果的，就像一個不知道自己哪裡好看的人，不可能因爲學化妝，就變成能欣賞自己外表的人。

在我不了解、也不喜歡自己聲音的階段，我能不說話就盡量不說話，包括我開始接的文字工作。就算非得說話也是小小聲，最好別人都聽不到的那種程度，這或許解釋了爲什麼我從小就比較喜歡寫字，甚至成爲別人眼中的作家。

因爲我試著靠寫作養活自己，所以我喜歡寫小說，其中也包括了寫廣播劇腳本。

有一次因爲時間非常趕，寫好熱騰騰的腳本以後，必須立刻趕到錄音室。當我氣喘吁吁到達的時候，上氣不接下氣地把腳本交給客戶，錄音師大哥的聲音從音控室傳來：

「你現在有空嗎？」

「咦？」我一臉錯愕。

「試試看，半小時就好，我可以付現金。」

錄音師可能以爲我嫌少，於是又自動加了一千。

結果背後的隔音門重重關上，我當場莫名其妙錄了兩支百貨公司週年慶跟一個超級市場特價的廣告，就是那種很芭樂的「走過路過不要錯過」「現賣現賺，買越多賺越多」的十五秒鐘廣告，有的在電視播放，有的在賣場播的。

因爲沒有經驗，我看著稿子用平常的速度唸完以後，錄音師大哥打開音控室的麥克風說：

「太慢！超過兩秒！」

我卯起來開快車，結果字串就發生連環車禍了。

好不容易速度控制得差不多了，又被批評：

「太嚴肅，注意笑容！」

緊張得要死，哪笑得出來！

但一想到等一下可以領現金，整個臉就像花那樣綻放了。

「吼！不是叫你笑！**是聲音表情要笑！**」錄音師大哥可能快被我搞瘋了。

於是我才知道聲音表情要笑的時候，原來嘴角從頭到尾要保持上揚，好像魚的嘴巴被魚鉤勾住的樣子，聲音聽起來才會有笑的感覺。

每一次錄好，就要從擴音器放出來給大家聽，包括坐在音控室裡的客戶，都對我的每一個字品頭論足。向來不習慣聽自己聲音的我，好像一個醜媽媽生出一群醜得要命的孩子，等著被驗貨，簡直羞得想咬舌自盡。

折騰了半小時，三支十五秒的廣告，終於ＯＫ。（汗）

出了錄音室，我才知道原來今天安排好的配音員，因為重感冒失聲，但客戶要求非得要男配音員不可，而且當天晚上就要播出。大家束手無策的時候，剛好我走進錄音室交稿，錄音師隱約聽到我說話的聲音，覺得可以死馬當活馬醫試試看，結果客戶竟然頗為滿意。

「方便的話留個電話吧！」錄音師大哥從自己的皮夾抽出允諾的錄音費給我，連單據都沒簽，臨走前突然說，「以後找你配音。」

我愣了一下，有種想哭的衝動，我這輩子第一次知道，原來我的聲音是可以被欣賞的。那一天，**我找到自己的聲音**。

那不叫「難聽」，叫「有特色」

雖然這故事很扯，就像每個去參加歌唱選秀的優勝者，都說自己是陪朋友去試鏡，然後被工作人員找去試試看，結果一鳴驚人之類的。我沒想到這種事情也有可能是眞的，而就這樣，我誤打誤撞開始了用聲音賺外快的日子。

我還是繼續寫廣播劇，但是寫完交稿的時候，自己還要順便配音，因爲我的聲音低沉，通常都是配爸爸的角色，久而久之，錄音室的其他配音員，無論年紀大小都開始叫我「褚爸」。配音員的聲音年齡，本來就可以跟實際生理年齡差很多，很多配卡通影片裡小女孩聲音的，年紀都可以當我阿嬤。

我也幫許多廣告配音，所以有時候打開電視、收音機，或是走在超級市場、百貨公司裡，都會在毫無心理準備之下，聽到自己的聲音。一開始覺得尷尬極了，還左顧右盼，紅著臉看有沒有人會注意我，但是立刻自己就啞然失笑。

「當然誰都不會知道那是我的聲音啊！」

那一刻，我才知道，原來我可以在公共場所，毫無預期下，認出自己的聲音，代表我的聲音是有特色的。

實際上，每個人的聲音都是有特色的，所以才會在聽到卡拉ＯＫ錄音的第一句，就認出自己的聲音，覺得尷尬；原來那不叫做「難聽」，叫做「特色」，只是大多數人沒有意識到。

我回想第一次注意到自己的聲音，是在中學參加班際合唱比賽的時候。因爲要分部，我立刻被分到了男低音，那是我生平首度知道，原來我的聲音在別人的耳朵裡聽起來比一般人低。

離開台灣在國外求學、工作時，我的聲音也時常受到剛認識的外國朋友注意。

「我沒有聽過亞洲人聲音像你這麼低沉的！」

甚至有人說：「我知道這樣說很奇怪，但是我想你有一個時常對公眾說話的聲音。」

當我對於自己的聲音特色，越來越了解以後，也變得對自己的聲音慢慢有自信了起來，畢竟錄音師大哥願意付錢給我，一定不會是騙我的啊！（吧？）

我也逐漸明白，**「聲音」沒有什麼叫做完美，但經過開發以後的聲音，本來只有一點點的特色，就能夠明顯地展現出來**。就像從小因爲眼睛小而自卑的台灣女孩，突然明白原來單眼皮在別人眼中才是自己的特色，於是學了一點化妝，成了讓人驚豔的東方美女。

成爲一個半路出家的配音員後，我對於聽到自己的聲音，不再覺得討厭，也不再尷尬。於是嗓子就神奇地「開」了，甚至可以臉不紅氣不喘，用充滿笑容的聲音講台語稿子叫賣起來：

「樓上揪樓下，阿公揪阿嬤，阿母揪阿爸，趕快來喔！」

雖然我從小就會講話，但是我知道，自己開始有意識地用自己有特色的聲音說話，卻是從在錄音室意外「找到自己的聲音」以後才開始的。

聲音要比本人漂亮嗎？

網路上流行的「逆天化妝術」，恐怕沒有人沒看過。

那些「化妝前」「化妝後」判若兩人的妖精（？）們，根本不能用「會化妝」、或是「厲害」來形容，即使用「鬼斧神工」來描述，都還覺得不夠力道。

我看了以後，終於知道爲什麼有些網紅會搞到自己不敢出門的地步。

因爲無論如何化妝，本人再怎麼美，現實中的形象，仍然不可能像自己放在社群網站上萬中選一、花了幾小時修圖的照片一樣。所以現實中的自己、卸妝後的自己、鏡頭以外的自己，就只是無止境的失望。

不只是網美，有不少引退的明星藝人，覺得自己年老色衰，也從此隱居，拒絕讓人看見不再年輕貌美的自己，這是多扭曲而痛苦的人生啊！

自從我開始從事配音工作以後，才發現有很多配音員、廣播主持人，這些聲音好美好美的人，當麥克風關掉以後，就黯然失色了。他們沒有唸稿說話的時候，雖然還是一樣的字正腔圓，甚至是同樣的聲音表情，但說話的內容卻如此貧乏，思考是如此充滿歧視與偏見，不合時宜！像小女孩般銀鈴的燦笑聲，用在取笑別人的不幸時，我發現**「聲音漂亮」，原來跟「會講話」，是兩件完全不同的事！**

作為沒有經過正式訓練、半路出家的初生之犢，剛剛找到自己聲音不久的我，必須做出一個重要的決定：**「我的聲音，跟我本人的內在，要如何協調一致？」**

我意識到，我們的內在是通過聲音的媒介，用說話的形式表現出來，這是不可分的。但很多靠聲音吃飯的人，只單獨有美麗的聲音，卻不知道怎麼跟人溝通，也沒有美麗的內在，這不就相當於聲音的「逆天化妝術」嗎？

我們看到這樣的人工美時，當然也會讚嘆他們的努力跟技巧，甚至揭露自己的勇氣，但是我們並不能信任這張臉，也不會因為這樣而有戀愛的感覺——因為我們不知道什麼才是真的。

同樣地，跟聲音主人的內在有落差，無法讓人產生愛的感受的聲音，無論多麼好聽，都不是可以讓我能夠信任的聲音。

我記得英國廣播公司（BBC）學院出版的《廣播時報》（Radio Times）雜誌，曾經做過一次調查，了解哪位主播的嗓音最受聽眾歡迎。出乎意外的是，高踞榜首的主持人，並不是說著上流社會所謂的「女王英語」（英格蘭南部的英語口音，被一些人認為是標準的英語口音）的主持人，而是埃迪・梅爾（Eddie Mair）和科斯蒂・楊格（Kirsty Young），兩位都來自蘇格蘭，有著輕微的蘇格蘭口音。

這就好像我們聽到早期電視播報員還有廣播主持人，個個都說著字正腔圓的京片子時，雖然很「美」，但是那種美，跟我們之間卻好像有一種說不出的違和感——不是透過語言拉近距離，而是用語言築了一道護城河，他們在裡面，我們在外面，無法跨越。

我想要成為那樣說話的人

「可是語言不是為了溝通，拉近人與人彼此的距離嗎？」我覺得很困惑。

曾經身為資深演員的凱特・李（Kate Lee），在英國廣播公司培訓廣播人員的口音時，說過她做的一個實驗，讓我解除了長久的困惑。

「跟年齡較大的聽眾相比，三十歲以下的受訪者似乎對『漂亮的聲音』的興趣沒有那麼濃烈。

我曾經用一些十八歲的戲劇系學生做試驗。我用調查中高踞第二位的夏洛特・格林（Charlotte Green）在BBC第四台唸新聞時的柔美聲音作為測試材料。與之相比的是一家商營電台新聞報導員的聲調稍微高一點點的聲音。雖然學生們大多喜歡夏洛特較低的聲音，但是，卻覺得從那位聲調較高、經常以較高音調結束句子的報導員那裡得到更多的信息。」

蘇格蘭口音的人說英文時，有點音樂感，像唱歌一樣，又接地氣，有點像廣東腔的普通話，因此令人喜愛。

這讓我想到在台北念書的苦悶中學時代，我們一群同學晚自習的時候，最喜歡偷偷聽一個AM調幅廣播節目，對，你沒有聽錯，是AM調幅，不是FM調頻喔！這個時代的年輕人其實已經不大聽收音機，就算聽的話，也一定會聽音質比較好，節目素質比較高的FM調頻電台，感覺上AM調幅電台，都是老人家在聽的，可能會有一個阿桑打進去唱一首卡拉OK，聊上十分鐘，然後主持人就開始賣什麼顧肝、明目的奇怪藥丸十分鐘，根本聽不到一分鐘就會受不了轉台了。

但班上的一位同學，卻推薦我們聽一個奇怪的現場節目，在正聲廣播公司八一九千赫，節目叫做《夜的旋律》，每天半夜十二點開始。

主持人是一個台灣腔超重，但不知為什麼一直努力要學捲舌的台客叔叔（我想不出更貼切的叫法），叫做「谷陽」。節目主要是在廣告他開的「歐奇西餐廳」——西門町一家民歌手駐唱的西餐廳。他主持的風格挺搞笑，反應快又帶點無厘頭，還有一個助理，連名字我都還記得，叫做崔禮梅小姐。因為主持人永遠叫她「崔禮梅小姐」而不是「崔禮梅」，彷彿「小姐」是她名字的一部分。

節目最受歡迎的單元，則是一個讀者可以寫信去問問題，解決青少年各種疑難雜症的Q&A專欄，叫做「夢的信箱」。

最跳tone的是，這個很「台」又很愛搞笑的谷陽叔叔，很愛播的一首歌（幾乎每天必播），卻是在全世界其實都沒什麼名氣的奧地利歌手Falco演唱，內容超灰色的德文歌〈Jeanny〉。

好像因爲節目太受苦悶中學生的歡迎了，歐奇西餐廳後來甚至變成主持人專門辦跟聽友聚會的場所，甚至有那麼點祕密結社的味道。

就像一個祕密結社般，白天在學校上課到一半，時常會有人突然無厘頭冒出台灣國語說：

「你好，歡迎收聽正聲廣播電台，由谷陽主持的夜的旋律。我是谷陽，山谷的谷，陽光的陽，山谷中的太陽……」

「……歐洲的歐，奇怪的奇，歐奇西餐廳，開封街二段四十七號二樓，昆明街口……」

於是一群男生們就忍不住笑得東倒西歪，讓老師跟那些沒有聽節目的「好學生」大翻白眼，完全不知道我們在幹嘛，那聲音變成了一種叛逆，一種慰藉，一種青春的印記。

考試到一半，回答不出，很苦悶的時候，我發現自己會哼著〈Jeanny〉裡面唯一的幾句英文歌詞：

Jeanny, quit livin' on dreams.（珍妮，別靠著做夢勉強活下來。）

Jeanny, life is not what it seems.（珍妮，人生沒有像表面看到的那麼糟。）

Such a lonely little girl in a cold, cold world.（在冷酷的世界裡，如此寂寞的小女孩啊！）

There's someone who needs you……（總會有人需要妳的……）

最如日中天的時候，谷陽還在國父紀念館辦過演場會，請來當時國高中生心目中的偶像，好像有楊林、金瑞瑤，不過我當然沒去。

而那段時間隨著莫名其妙的升學考試結束，聽谷陽的節目也就被放在腦後，我再也沒有想到要在午夜打開收音機，去聽那個音質超差的ＡＭ調幅節目。但是我卻一直記得那段時間，那個俚俗的聲音，幾乎粗鄙的說話方式，帶給我的莫大安慰。

我出版的第二本遊記，書名叫《珍妮，莫斯科好嗎？》其實我心裡想著的，就是那段時間，伏案背著後來證明一點都沒有用的甲午戰爭，Falco用陌生的德語混著英語，聲嘶力竭想要挽救Jeanny的沁涼夜晚。

因此，我也理解了，爲什麼ＢＢＣ廣播電台第四台主持人米沙勒．侯賽因（Mishal Husain）會那麼受歡迎的原因。身爲在英國長大的巴基斯坦人，她說話清楚但是自然，不是字字鏗鏘的「女王英語」，但聽起來讓人覺得她對事情感興趣，卻沒有傲慢的感覺，可以一面聽她的廣播，一面做自己正在做的事，而不會因爲她的聲音分神。如果一個人有不會讓人分神的聲音，聽的人就可以專注在講話的內容上，而「內容」正是我們想要眞正吸引別人注意的重點。

「**我想要成爲那樣說話的人。**」我告訴自己。

清點自己的聲音風景

我很快就發現，那些錄音室的配音員前輩們，白天大多都是在廣播電台全職工作的播音員，而爲電視影集、廣播劇、廣告配音，只是他們外快的一部分。後來也因爲這些前輩的介紹，我陸續開始主持節目，成了廣播主持人。

陸續有幾年的時間，我曾經主持過每週一到五，每天兩小時的現場深夜節目、週末早上給年輕人聽的旅遊節目，還有專門針對海外華人聽眾的談話性節目；加上原本的配音工作，不知不覺，「說話」變成我大學時代重要的收入來源，甚至比寫作、翻譯更穩定，這是我從來沒有想過的事。

既然選擇「說話」，「聲音」就是我的工具，就好像一個水電工、泥水匠，都要拿得出一套工具一樣，聲音就像不同尺寸的螺絲起子，也不可以只有一把。

首先，我要清點一下我的工具箱。

透過別人的意見，還有聽**自己錄下的聲音**，我知道在不做任何改變下，我的聲音有幾個特點：

我有比一般人更低沉的聲音；

我說話的語速比一般人更慢；

我的說話語氣很平淡；

我的兩個句子之間，空的時間很長；

我的聲音不大，但可以傳得比想像中更遠；

我的台灣式中文表達在台灣算是比一般人更陽剛，但在中國或是新馬，卻算是斯文、甚至陰柔的。

這些特點，其實有好處、也有壞處。比如說我的聲音低沉，會讓人一開始因爲有些驚訝而注意，也會給人像「爸爸」的安全感，但長時間下來，聲音低沉的人卻也顯得沉悶，而且比一般人更容易喉嚨沙啞。

我的語速慢、語氣平淡，會讓人有平靜的感覺，但久了讓人難以集中注意力，甚至昏昏欲睡。

句子與句子中間的空白時間長，在只靠聽、看不到我的表情時，可能會覺得這個人缺乏活力。

台灣式斯文的說話方式和過多的語助詞，讓人覺得有禮貌、溫和，但不習慣台灣式中文的人，卻會聽到起雞皮疙瘩。

知道了這些自己聲音的特性，以及別人眼中的優缺點之後，我就有意識地在擔任廣播節目主持人的時候，做了一些調整。

主持深夜的節目時，我會使用一貫的低沉聲音，緩慢的語速，平鋪直敘的口氣，就跟我平常說話一樣，句子和句子中間的空白，就像水墨畫「留白」的作用，甚至在空白的時候，透過麥克風可以聽到呼吸聲。因爲在夜闌人靜的時候，這樣的廣播主持人聲音可以讓人有沉穩、平靜的感覺，有一個人在身邊陪伴，可以抒解聽者的壓力。畢竟會在深夜聽廣播的人，都是覺得孤單的人。

「既然覺得孤單，那就幫大家交朋友吧！」我這樣一想，就找了兩位後來成爲一輩子的好朋友，一位是當時在台大念哲學系、後來成了《看不見的台灣》紀錄片導演的林明謙，另一位是從韓國首爾到台灣念書，外表安靜但是內在分子卻隨時劇烈撞擊的阿涼，共同主持這個深夜的節目。每天半夜下現場以後，我們開著那台早該報廢的福特舊車回家的路上，有時候去林森北路的苦茶之家，有時候去空氣中飄浮著昭和風味的老樹咖啡館，意猶未盡地繼續我們在節目中沒有聊完的話題，因爲這兩個好友，我也開始變得喜歡說話。

但在主持日間或是週末的節目時，我就會刻意提高自己的語調，也會刻意說得快一些，甚至在後製的時候，會把句子與句子之間的空白時間，從檔案中修剪掉，讓自己的聲音顯得更年輕，更有活力。

至於對海外聽眾廣播的時候，就會改用比較鏗鏘堅硬的口氣說話，並且把台灣人慣用拖得長長的語尾助詞，像是「呀！」或是「哦！」這些讓不是台灣人的人，覺得太「嗲」的都刻意拿掉，避免對聽不習慣的耳朵造成干擾。

除了這幾個細節之外，我**選擇自然，跟平常生活無落差的說話方法，不去刻意矯正發音的字正腔圓，聲音的表情也維持跟私下關掉麥克風時一樣**。所以一個原本只有聽過我聲音的人，見到我本人時，會覺得已經早就認識我了，而不會像有些廣播和配音界的前輩給我的衝突感，覺得麥克風前跟私下的聲音，根本屬於兩個完全不同的人。

實際上，我也開始有意識地把同樣的原則，應用在我的寫作上，所以讀我文章的讀者，跟聽我廣播的聽眾，還有在公開場合見到我本人，都會覺得同樣的熟悉，我希望做到「**聲如其文、文如其人、人如其心**」。

並不是因爲這樣的一致性，有什麼特別的好處，而是我認爲這樣讓我最自在。無論是私下說的、用筆寫的、拿起麥克風說的，或是腦子裡想的，都是同一回事，那我就不會錯亂了。

我有一些從事表演工作的朋友，他們的選擇則跟我完全不同，當他們面對麥克風，或是站到舞台上時，就像完全變了一個人，呈現出跟私下非常不同的性格。他們認爲這個差距，可以刻意提醒自己此時此刻是在表演，還是在生活。

但無論哪一種選擇，我們開口說話時，都像園藝家那樣，用我們的聲音和聲音表情，創造出「音風景」，用聲音來造景，好像只要聽到波浪，就能感受到這片海岸的獨特地形一樣。我希望聽到我的聲音時，對方就會感受到我這個人，無論是面對面，透過超市賣場的廣播系統、電視廣告的配音、電話上，還是收音機的廣播節目，無論我唸的是俵万智《沙拉紀念日》裡的短歌、我自己寫的文句，還是廣播劇《一碗湯麵》的腳本，甚至百貨公司週年慶的特價消息，只要聲音所及之處，都建立起一片小小的音風景，能夠輕易辨認，覺得熟悉而安心。

我從一個無法忍受聽到自己聲音的人，拜中學時AM調幅廣播節目的台客大叔之賜，讓我知道聲音使用得宜，不需要美麗，也可以帶給陌生生命無比的慰藉，從此**慢慢學會把自己的聲音當成一種禮物，贈與給世界**。

而這一切，都得從多練習聽自己的聲音開始。

思考一下，**如果你不喜歡聽到自己說話，是不喜歡說話的內容、說話的方式，還是說**

話的聲音？

如果你討厭聽到自己說話的聲音被播放出來，是因爲不像你，還是因爲那根本就是你？

我從來沒想過，學習說話的任何技巧之前，要先「找到自己的聲音」，思考聲音跟「我」的親密關係，原來是一件這麼重要的事。

第4課

學會說話，可以讓反應變快

主持電視直播如何教我說話

第4課 重點提示KEYWORD

★要變成一個
會說話的主持人，
祕訣只有一個：
平時就要多讀書。

★說話的時候，
要當一個有魅力的人，
而不是美麗的人。

★我可以當好自己人生的主持人，
而且每天都是不能重來的
現場節目。

大膽挑戰電視主持人之後

長大的好處之一，就是發現職業原來可以充滿流動性，而不是小時候以爲的那樣，一生只有一次機會，只能選一個工作，而且得做一輩子。

比如在西門町開歐奇西餐廳的老闆谷陽，用傳統標準完全不合格的咬字發音，主持了廣播節目，還大受歡迎，多麼勵志！

完全沒有受過專業訓練的我，竟然也從業餘的配音員，變成了廣播節目主持人。進了廣播電台沒多久，我繼續有驚奇的發現。電台同事們，紛紛又跳出了錄音室的框框多元發展，比如愛做菜的陳鴻，成了在鏡頭前教人做菜的型男，而蘇逸洪成了得到「師奶殺手」稱號的新聞主播。

「主持電視節目好像也是說話，跟主持廣播節目差不多耶！」美國有個總說自己改變了整個廣播業的主持人霍華．史登（Howard Stern），他的爭議性很強，既是史上最受歡迎的廣播主持人，也是一個被半個美國討厭的人（我就是討厭他的其中一個）。他的廣播節目同時也有攝影機在旁邊側錄，所以也是電視節目，這讓我覺得這兩種媒體的主持人應該很像，反正都是「說話」，只是除了錄音設備之外，多加一台攝影機罷了。

所以當有一個衛星電視台找我去當一個現場新聞談話性節目的主持人時，我只猶豫了一下下就答應了。

一直到站在攝影棚裡，才意識到我的想法有多麼天眞！

雖然主持現場廣播節目，跟主持現場電視節目，都是要「對著麥克風現場講話」，但是除了這點之外，幾乎就沒有相似之處了。

我頭幾天下班後，簡直腦袋一片空白，完全無法強制腦子開機，直接從電視台出門跳上計程車就立刻回家。把門鎖起來，手機也保持關機，不敢跟人說話，更不敢打開電視看重播，甚至不記得剛剛那一個多小時到底發生了什麼事，或是自己究竟說了什麼？

滿懷期待的親友，會不會好不容易在電視上看到我，明明覺得糟透了，卻不敢直說？我整個人陷入疑神疑鬼，跟自我否定、自我懷疑的無限迴圈中。

但已經簽下一季的賣身契，只能勇敢面對了！

剛開始主持的同一個星期，我剛好因爲新書宣傳，接受出版社安排去參加了一個綜藝節目，主持人是曾國城，當時他才初接主持棒不久，是個快速竄紅的新人。

錄製兩個段落之間，節目導播在進行調整的時候，我看到曾國城收起鏡頭前嬉皮笑臉的樣子，非常嚴肅地瞪著前面一段剛剛錄好的的重播帶，一直在看畫面裡的自己。

「哇！這個人也太自戀了吧！」我直覺這麼想。

「你好厲害！」我跟曾國城說，「我在螢幕上看自己的表現，都很想死。」

沒想到他一臉正經地說：

「我也是啊！可是每天下節目以後，我半夜回家**都會看重播，這樣一直看、一直看，才會進步。**」

那一刻，我才發現我誤會了。曾國城大我幾歲，也算主持界的前輩，我當時雖然沒有勇氣看自己出現在電視上，卻一直把他隨口說的那幾句話放在心上。

鏡頭前的那個我不是我

經過第一個禮拜的完全逃避，主持的第二個禮拜開始，我終於鼓起足夠的勇氣，開始在半夜重播的時候，關掉全家的電燈，坐在黑暗中看著螢幕上的自己。

「喂！我的臉怎麼了？」我發現自己以為表現出「專心聆聽特別來賓講話」的神情，卻比較像吃壞了想拉肚子，皺著眉頭在強忍的樣子。

「天啊！我怎麼會說出那種莫名其妙的話？」

「咦？我怎麼這樣自以爲幽默，一直打岔，沒有讓這個特別來賓把話講完！」

「爲什麼這個觀眾call-in進來一直說些五四三的，卻沒即時打斷他？」

「我幹嘛在鏡頭前面轉原子筆，而且還掉到桌上！」

在電視螢幕上看到自己，眞的是相當痛苦的經驗，因爲很多原本以爲是優點的，其實都是缺點，而本來以爲只是小缺陷的，竟然都是非常大的問題——更別說鏡頭的放大作用，原來眞的只要不是瘦子，看起來都超胖的啊！而且跟胖瘦無關，看來我的長相眞的很有問題！

「啊啊啊！好想死啊！」我強迫自己看到節目最後，關掉電視，然後回到臥室用棉被蓋住頭，「原來傳說中的人生陷入谷底，就是這種感覺！」

慢慢地到了第三個禮拜，我發現自己**可以用看「別人」的角度來看電視上的自己了。不再把那個電視上的人當成「我」，而是一個長得很像我的「別人」，一個電視上的「主持人」，觀察這個人的表現有什麼適當、或是不適當的地方**。

到那一季結束的時候，我已經慢慢習慣在路上會有人認出自己的尷尬，而且下節目以後，可以很悠哉、對自己沒有什麼負面的想法。吹著風、騎著自行車回家，好像只是去選修了一門大學夜間部的課，每天按時上下課。

只是當我的經紀人，拿著新一季的合約，要我再簽的時候，我跟開始時相反，只猶豫了一下下就拒絕了。

或許鏡頭前的光鮮亮麗讓人著迷，但是經過了三個月的時間，我很清楚知道那個人不是我。

雖然我進步神速，開始得到很多的讚美，知道什麼時候要看幾號攝影機，也因此受到友台注意，陸續收到其他電視台的主持邀約，從上山下海的旅遊節目外景主持人，到需要唱唱跳跳的兒童節目都有，但是我發現鏡頭前的人生，每天要梳化妝髮，小心翼翼穿著借來的名牌服飾，走在路上有時引人側目，並非我可以過好自己的人生。

然而，我非常非常感謝能夠主持談話性現場電視節目的這段經驗，對於學會「說話」這件事，有了全新的體悟，而且往後有生之年的每一天都用得到。

停止擔心自己看起來美不美、帥不帥

一個人的外表就像聲音一樣，只是說話時的媒介，但眞正重要的，一定是**內容**。

就像一道擺盤非常精美的菜色，肯定在端上桌的第一秒就會吸引所有人的眼光，並且充滿期待，所有的手機都會湊上去拍照，但眞正的關鍵，還是在於下箸後好不好吃。一道不好吃的菜餚，無論如何擺盤，都不會讓顧客想要再次光臨，因爲食客是爲了味覺的享受而來的，不是爲了視覺的享受。視覺的盛宴只是讓說話的人贏在起跑點，不會是決勝關鍵。

不信的話，我們想一下那些嘗試成爲歌星，但歌聲實在讓人不敢恭維的俊男美女。

無論外表多賞心悅目，舞步多麼花稍，舞台效果如何絢麗，錄音技巧多高明，詞曲多麼動人，都不會將他們打造成爲歌星，因爲基本的問題沒解決：「這個人就是不會唱歌啊！」

所以一個電視主持人，如果總是把大多數的精神，花在自己看起來好不好看，要盡量露左臉還是右臉，笑的時候要不要露齒、露多少；或是一個廣播主持人，只想著自己的聲音聽起來美不美，而不是把努力放在說話的內容上，無論如何都會是失敗的主持人。

「忘掉自己看起來怎麼樣吧！」從此以後，我總是會在站到攝影機之前，深呼吸一口氣，提醒自己。

與其在乎「好不好看」，我也意外發現，自己更應該在意一個非常大的缺點，就是說話的時候眼睛的焦距，根本沒有在對方的身上！

原因其實我自己很清楚，因爲我是個從小害羞的人，所以說話時眼神會穿過對方的身子，落在無限遠的地平線盡頭，我不敢正視別人的眼睛，也害怕別人看我的眼光。

我假裝在看，其實根本沒在看。

不只跟人說話時這樣，平常走在路上時也這樣，焦距永遠在無限遠的後方。有朋友因爲我在路上對他視而不見，非常生氣，認定我是個很驕傲的人，他不知道其實根本相反！

我以爲自己僞裝得很好，也從來沒有人跟我說過（還是可能以爲我眼睛有問題吧？）但在鏡頭前，是多麼明顯！

原來當人家說「看鏡頭」，就是要把鏡頭當成一個活生生的人，一樣要聚焦，否則渙散的眼神，是掩藏不住的。

後來我也明白，生活中那種對於自己的外在美渾然不覺的人，其實比一直在乎自己外表的人，更有魅力。

說話的時候，要當一個有魅力的人，而不是一個美麗的人。這是在螢光幕前主持，教會我非常重要的第一件事。

平時有沒有看書，騙不了人

主持人手上，都會在開始錄影之前，收到一份節目企劃寫好的稿子，完整一點的叫做「腳本」，比較粗略的叫做「rundown」（流程表）。無論哪一種，基本上就是節目助理依製作人的指示，根據當天主題做的功課，有的是上網搜集的資料，有的是跟現場參加的來賓、學者事前簡單溝通後，加上自己的發想，用自己可以理解的邏輯方式安排而成，寫好之後發給每個工作人員一份，就像戲劇的劇本一樣。

很多電視主持人很懶惰，自己不做功課，無論什麼主題，都只靠助理人員幫主持人梳妝的時候，一面讀腳本、背稿，剩下的就交給自己的臨場反應。

但這樣的主持人，忘記了一件非常重要的事：寫腳本的電視節目企劃，通常是很「菜」的新進人員，年紀小，極有可能是初出校園的第一份工作，沒有其他社會經驗，平常也沒有看書和學習的習慣。薪水低，工作量大，平時除了要寫節目腳本，還要訂便當、發通告，跟每一個難搞的來賓、藝人的經紀人或助理斡旋，寫大字報，搞不好錄影前一晚還要做道具、製作背景字樣。萬一節目出任何問題，也是第一個遭殃的倒楣鬼，可以說是工作人員團隊裡最爆肝、過勞的那個人。主持人如果認爲節目內容，應該依靠這一份腳本就萬事OK，這肯定是一個失格的主持人。

即使寫得再好，生花妙筆，文采動人，仍然是「別人」對於這個主題的思路、邏輯，根據這個人的生命經驗、世界觀所做出來的個人詮釋，不可能取代「自己」的觀點——除非這是個沒有觀點的主持人。

當然，**一個主持人沒有觀點，其實也就不用說話了**，因爲他剩下的工作，就叫做「串場」，告訴螢光幕前的來賓們，什麼時候該誰說話，說多久；那是屬於「大會司儀」的工作內容，不是「主持」。

談話性節目的主持人之所以能夠透過說話，幫助觀眾對一個議題思考得更深、更廣，做好觀念上的衝撞與串連，取得新的視角，是因爲他**平常就在學習、懂得如何清楚地思考**，並且只是剛好透過在螢光幕前「說話」的形式，把這些內容引導出來而已。

要變成一個會說話的主持人，說難很難，說簡單也很簡單，祕訣只有一個：**平時就要多讀書**。

因爲隨時在準備，所以看起來像根本不用準備。

後來我發現，無論是不是當電視節目主持人，我們在眞實生活中，與家人、朋友、工作上的同事，也不時要在談話中正式或非正式地扮演主持人、引導者的角色。**平常有沒有讀書的習慣，有沒有用多元的觀點看世界的能力，知不知道什麼時候應該說話、什麼時候應該打斷、什麼時候應該安靜聆聽，都是超級重要的說話能力！**

主持人只是團隊裡的一分子，不是全部

很多人以爲主持人是電視節目的靈魂，其實我倒覺得**主持人比較像車子的駕駛人**。駕駛當然很重要，但會開車的人很多，可替代性很高，也不能眞的稱爲車子的一部分，除非是人車合一爲駕駛量身訂做的F1賽車手，但大多數時候，都不是如此。

如果說電視節目是一台車，那裡面的零件可多了。製作人跟監製通常是電視台的老闆掛名的，但沒有眞正做事。眞正做事的有好多人呢！比如「導播」相當於電影的導演，是節目眞正的老大，負責棚內的鏡頭調度跟拍攝。接下來是「執行製作人」，是實際負責管

這個節目的五至七人團隊，負責統馭調度跟決定節目內容。然後才是「策劃」，通常是製作人的左右手，也是製作人的第一順位代理人，負責發想節目內容跟規劃節目走向。噢，別忘了「企劃」（談話性節目）和「編劇」（戲劇性節目），他們負責發想節目內容，有時候企劃也要當「節目助理」，這份通常給沒經驗的新進人員做的工作，是從訂便當、搬道具、借主持人服裝到寫大字報等等所有節目執行過程的雜務。錄影結束後要靠「後製」，包括負責節目剪接的剪接師，跟專門協助剪接師的「後製助理」，協助操作機器及電視台的行政流程等雜務。

這個團隊裡，每一個人的工作量都很大，對於節目成敗的責任也很大。相較起來，主持人其實就像駕駛人，車子隨時都洗得亮晶晶的，油箱也都加滿了，只要穿得乾乾淨淨、漂漂亮亮，轉一下鑰匙就可以上路，成為所有人的注目焦點，是最輕鬆、坐享其成的那個人。

主持人重要，其實並不是事實，只是表象。

如果主持人不了解自己微不足道的角色，就好像身為一個作者，不知道出一本書，作者只是其中一個小小的環節一樣，往往就會犯自大的毛病，以為自己的想法、意見、感受是最重要的。

要達到「人車合一」，需要每一個參與者很多的努力、信任、謙虛，絕對不是主持人出一張嘴，就可以有成功的節目內容。

主持人說話時，要考慮自己在節目中說的每一句話，不能只代表自己，也要代表著電視台高層、導播、製作人、企劃、攝影師、道具組的助理、化妝師、髮型師、造型師，他們沒有說話的機會，但主持人有！

主持人有沒有把不同的觀點都說出來？而且說得讓每一個現場參與的工作人員都聽懂，覺得自己生命中的這一天耗費得值得？而不只是為了一點薪水，又浪費了一天的時間。

「我接著要說的這句話，剛剛倒水給我喝、現在在舉大字報的年輕人，心裡會怎麼想？」

意識到別人的存在，尊重別人的存在，把自己變小，而不是無限放大，是我在當電視節目主持人時，學到的說話課之一。

我沒有那麼重要！別患上大頭症

出了攝影棚，走下舞台的電視節目主持人，瞬間變成了「名人」，不管是否實至名歸，但確實是一件不可避免的事。

許多人嘗到出名的滋味，就得了大頭症。我認識一位也是廣播人出身的知名主持人，就曾經很苦惱地對我說，他現在都沒有辦法像以前那樣出國旅行當背包客。

「爲什麼呢？」我聽到他這樣說，覺得很奇怪。

「現在我是名人了，連出門都不能搭公車、坐捷運，怎麼可能搭經濟艙，去住青年旅館呢？這樣萬一被認識我的人看到了，不是很丟臉嗎？」

「啊？」我覺得自己領悟力很差，「爲什麼會丟臉？你又不是做什麼壞事！」

「這樣人家會覺得我混得不好，很落魄啊！」

那一刻我完全不知道該怎麼回答，只能保持沉默。

因爲他，讓我更堅定自己是「普通人」的決心。我繼續搭公車，坐捷運，騎Ubike，坐經濟艙，而且從來不覺得晚上應該要冒著摔死的危險，戴墨鏡出門。別說一個小小的主持人、作家，就連諾貝爾獎得主、一國之首，都不能忘記當普通人，否則說出來的話，就會不接地氣。

每當我看到塞車，大人物的車隊開道前導呼嘯而過時，我就深深覺得慶幸，並不是全世界的領導人都這樣，譬如丹麥、芬蘭、瑞典的國家元首，不是騎腳踏車上班，就是自己開車上下班。我一個小小的電視節目主持人，爲什麼不能騎腳踏車上下節目呢？我說的話，怎麼可能一定是對的，或是一定要被聆聽呢？跟現實緊緊結合，須臾不能忘記，是我做電視節目主持人時學到的另外一堂說話課，也持續在後來的人生，幫助我記得，無論如何，我都不是一個特別的人，只應該是一個普通人——這是我自己能夠選擇的事。

完美無瑕並不存在

我天生是一個完美主義者，但現實上，我距離完美是十萬八千里遠。所以從小要交美勞作業的前一個晚上，我就會徹夜畫隔天要交的圖畫或是黏土雕塑。明明只是很簡單的功課，我卻總是可以弄到一把鼻涕一把眼淚，整個晚上沒睡覺，因爲我永遠做不出讓自己滿意的完美傑作。

現在回想起來，覺得非常可笑。當時的我根本沒看過傑作，不知道什麼是傑作，怎麼可能做出傑作呢？就算眞的做出來，自己也不曉得那就是傑作啊！（笑）

但站到攝影機前，主持不能重來的現場電視節目，對於我內心的完美主義者，簡直是一個莫大的凌遲。因爲說出去的每一句話，立刻現場就播出去了，不可能收回，假裝自己沒有說過那些蠢話，任何當場沒有來得及說的話，也不可能事後再補充。

一切都只有「當下」。

當下是眞的，其他都是假的。

我發現唯一可以選擇的兩個選項，就是「接受不完美的現實」，或是「拒絕現實」，活在自己完美的幻想裡。根本沒有第三種選擇。

一開始主持現場節目的第一個禮拜，我繼續當那個美勞課前焦慮的孩子，那個拒絕現實的孩子，幻想著明天就會完美了，今天所有的錯誤都不會再犯。但往往到了明天，我不只犯了同樣的錯誤，而且還加上新的錯誤。

「我該怎麼辦？」

那是我**學習接受現實的開始**。

所謂「接受現實」，並不是「反正就這樣，算了！」而是**我知道應該改變我能改變的，但是不需要憂慮我不能改變的**。

比如我可以說得更好，但是說得好，不見得就能改變別人的觀點。

「就算無法改變別人的觀點，我還是應該要努力說到最好嗎？」

答案是肯定的，因爲我不能只爲了說服別人而說，我還要爲了捍衛自己的價値而說；爲了在攝影棚裡倒水給我喝、幫我別麥克風、幫我舉大字報的年輕人說，爲導播說、製作人、節目企劃、攝影師、道具組的助理，化妝師、髮型師、造型師說。

我知道永遠達不到完美，但是我不能不朝著完美的目標邁進，這兩者之間有著巨大的區別。

當下的「判斷力」和「應變力」

開始主持電視節目之後，我時常被執行製作人提醒：「你一定不能提到特定商品的名字，不然會有節目廣告化的疑慮，說不定會被ＮＣＣ罰錢。」

ＮＣＣ是國家通訊傳播委員會。

在這之前，我從來沒有想過廣告化的問題，因爲在主持廣播節目的時候，時常都會有藝人來上節目宣傳新唱片專輯，或是作家來上節目打書，那個時候我自己出新書，也會理所當然地去電視節目、廣播節目打書。「廣告」就是希望別人知道一件他們本來不知道的事，有什麼不好？跟宣導燒燙傷急救要趕快「沖——脫——泡——蓋——送」的五字口訣，本質不是一樣嗎？

我開始主持現場電視節目之後，才發現電視節目的要求，比廣播節目要嚴格得多，尤其因爲現場節目內容不能剪掉，也來不及消音，所以特別讓大家膽戰心驚。

如果每說一句話之前，都要先想著萬一提到某種新口味的可樂，或是引用某一本新書裡的話，「這樣會不會有廣告化的嫌疑？」我恐怕就不知道該怎麼開口了。更何況，製作人擔心的並不是眞正的「商品」，因爲那很容易注意，他擔心的是意識型態的商品。我所主持的是一個談話性的時事節目，就算不是我，如果特定來賓、甚至call-in的民眾，在不知情之下，接受政黨、政府或政治人物的費用，來推銷政治活動或政府政令，也會形成違法，跟歌手推銷新專輯比較起來，實在是太複雜了！

自我設限的結果，是心理壓力變得超大，草木皆兵，疑神疑鬼，也因此影響我說話的流暢跟節目的效果。因爲講話內容一定會提到某種特定立場，非要強制避免不可的話，就不可能有效地讓我自己、或是上節目的來賓眞誠對話，說出眞正的想法。

唯一的辦法，就是主持人有沒有辦法在當下，有足夠的判斷力，當場做出最正確的判斷，這就是所謂的「**現場應變能力**」。

短短的一句玩笑話，不僅化解了當時的尷尬場面，而且也顯示出了一個優秀的節目主持人應有的現場應變能力。

「我們都是商品，何必假裝呢？」我意識到把「廣告」這個概念視爲洪水猛獸，是不合時宜，而且反時代潮流的。

我自己身爲一個主持人，就是一種商品。

我主持的節目本身，也是一種商品。

我工作的電視台，不也是政黨爲了發揮影響力，透過媒體購買的結果嗎？

所以我節目上說的話，我請來上節目的來賓，節目討論的主題，是不是因此都要符合出資者的意識型態呢？

我相信很多人對於這個問題的答案會是「Yes」，但是對我來說，卻是「No」。與其考慮太多，精於算計，把別人的期待，變成對自己的限制，還不如放開枷鎖，在複雜的環境中，用「判斷力」和「應變力」面對突發狀況，能夠從容地處理隨時隨地都可能出現的「不可抗力」因素。**如果我在面對突如其來的事件時，能夠保持冷靜的頭腦，敏銳的反應，當下立即完成控制場面的任務，那才是我身爲主持人眞正的價値**。

「判斷力」要靠日常工作、生活中，進行長期而廣泛的知識積累，就像哲學家培根說的：「人有多少知識，就有多少力量。」平時多累積知識的力量，才有辦法讓主持人在面對一個議題，面對來賓、觀眾時，胸有成竹，游刃有餘。

「應變力」則需要在主持的過程中不斷實踐，從中學習並且得到經驗，從而提高自己的應變能力。任何發生的意外狀況，都不是壞事，而是絕好的學習機會，只是主持人知不知道該如何把握而已。所以我的轉念，讓我從害怕「意外」變成一個喜歡「意外」的主持人。

拜短暫主持電視談話性節目的經驗之賜，我變得更了解自己，確定知道我是一個不喜歡生活在鎂光燈下的人，同時也因此學習到許多珍貴的說話能力，在往後生活的每一天，都能派上用場。雖然我不再主持電視節目，但是我當然可以**當好自己人生的主持人**，而且每天都是不能重來的現場節目！

第 5 課

學會說話，傳遞想法零落差

上台演講如何教我說話

第5課 重點提示KEYWORD

- 演講說話最重要是知道「自己在講什麼」。
- 演講說話像寫短篇小說，開頭第一句很重要。
- 知道別人聽到的是什麼。
- 知道聽眾為什麼會來聽演講。
- 在台上的自己不是在表演，而是把心裡的想法真摯說出來。
- 把每一次的演講都當作「一期一會」的覺悟。

誰說演講一定要用PPT？

最近有一位編輯朋友，提到她邀請台灣優秀的「工人作家」林立青，臨時錄一支一分鐘的宣傳短片時，他幾乎沒有花時間想，就開始錄，結果一次OK，時間也剛剛好。這位編輯非常驚訝，說他簡直帥到掉渣！

「我眞沒想到，他是個這麼會說話的人！」

我聽了以後，想到一段小小的往事。

那是在林立青的第一本書《做工的人》剛剛出版的一個月後左右，短時間爆紅，開始演講邀約不斷。之前幾乎沒有站在台上演講經驗的他，在喝春酒的時候剛好坐在我的旁邊，非常謙虛地問我：

「演講應該怎麼準備……」

結果話還沒講完，我就打斷他說：「演講要好聽，只有一個重點：就是絕對不要用PPT。」

我在後來很久以後才知道，他原本要問我的問題完整句是：「演講應該怎麼準備PPT？」（笑）

他事後在臉書上回憶這段對話時這麼說：

「你用**PPT**只會讓自己偷懶，並且只會讓人覺得你照本宣科，一開始可能覺得很好用，但是你會養成依賴性，聽講者也會依賴，結果就是**PPT**成了主角，全場目光的焦點，連你都忘了自己才是主角。

如果從頭到尾都不用**PPT**，你就更可以專注地觀察聽眾的反應，和他們眞正想要聽的故事，並且對你這個人的眼神，有很強烈的印象，而眼神才是演講者的最大武器，所以不用**PPT**的講者才是好講者。

不用擔心會忘記要講的內容，因爲你眞正想說的話，肯定不會忘掉，至於那些可以忘掉的話，就是多餘的。

還不知道他們要聽什麼嗎？那就鼓勵他們提問，自己仔細傾聽，比如有人問到工人受傷，哪需要簡報，當場往自己身上比就好啦！」

林立青說我當時回答他的方式，幾乎就是一場演講，一面說、一面幫他夾菜，整個過程都會有頓點，或是索性站起來用手腳比劃，讓他一直記得我當時的魅力和口條。從此以後，林立青說他所有的演講、座談，或者是討論分享，都完全沒有用PPT簡報。後來他發展出了一套非常適合自己的演講術：

要看曬傷嗎？我脫衣給你看。

要看濕疣嗎？你還可以摸我脖子。

要看工地平常穿衣嗎？我就一直都穿平常的衣服給你看。

想知道褲子爲什麼要有很多口袋嗎？我當場掏鑰匙工具給你看。

想看腰包裡面有什麼嗎？我馬上解下來給你看看。

有了褚士瑩大哥傳授「現場神功」，我就再也不用費心一張一張的貼上照片還硬擠文字搭配說明了。

這還有一個好處，邀約的主辦單位根本不用費心搞一堆什麼電腦延長線、轉接線或是阿薩布魯的USB隨身碟，還怕你插進去時按到格式化或是檔案版本不對……最重要的是因爲從一開始就學了褚士瑩大哥無簡報模式，所以也從來沒人批評過我的簡報做得不好看，這算另類的藏拙……

我很開心能夠看到一個如此有趣的人，在這麼短的時間內，找到在台上演講時，表現自己最眞實、最有溫度那一面的方法——這是無論再多精美的簡報，也無法取代的。

實際上，作爲一個「前輩」，唯一能夠教給林立青的，也是長久以來，幫助我自己作爲一個害羞的人，能夠順利在台上侃侃而談的方法。

這一套方法，讓我雖然每年只回台灣四次，每次停留兩個星期，但在這加起來六十天中，除了原本專業的NGO工作以外，仍然能夠以一天最多兩場，一年平均一百場演講的頻率，保持跟台灣社會各種面向的接觸。因爲演講的關係，我面對面的對象從國內的公務人員，到來自國際的青年外交官；地點也從祖孫三代扶老攜幼的宮廟圖書館，到日本新興宗教的臥佛殿；內容從企業福委會爲工程師宅男安排的職涯講座，到非營利組織裡專門爲社工師舉辦的哲學思考訓練；聽眾也從上市公司的大企業老闆，到離島的原住民小學生。

因爲題目不同，聽眾對象不同，客觀環境不同，社會氛圍不同，我自己的生命經驗不斷向前，因此對我來說每一場演講，都是截然不同的有趣經驗。

多年以來，每年一百場，幾乎從來沒有兩場內容一模一樣的，並非我是一個口若懸河的演講家——因爲我不是，而是我從來沒有把演講當成一件「工作」。

我只是教會了那個害羞的自己，走上講台，充分敞開自己，**享受每一次獨一無二的經驗**——無論作爲聽眾，還是講者。

我不只在台上演講，我也喜歡在台下當聽眾。

我從來不覺得聽演講浪費時間。聽到一場好的演講，就像去芬威球場看一場紅襪隊對洋基隊的精采球賽。萬一聽到一場不好的演講，也會提醒我演講的時候，容易犯的錯誤，像一面鏡子，作爲自己改進的借鏡。

演講的說話方法，不只幫助演講，也會大大幫助每一天日常生活的表達，讓自己的想法可以「零落差」地傳遞到聽者的耳朵。

一開始說就引起注意

身爲一個以短篇小說創作開始，步上作家這條艱辛道路的作者，我從很早就意識到一個寫小說重要的原則：**開頭第一句超重要！**

因爲讀者生活中有這麼多值得分心的選擇，不一定要看小說，就算看小說，書架上也有無數的選擇，如何讓一個讀者決定萬中選一，讀我寫的小說呢？除了第一句就引起濃厚的興趣之外，別無他法。

然而小說的開頭方式好像很多，其實歸納起來只有兩種：要不是**因爲「未知」引起濃濃的好奇心**，像是去看球賽不知道紅襪隊跟洋基隊誰會贏，就是**因爲「已知」帶來的期待**，像是去聽瑪丹娜的演唱會一定想要聽到的壓軸曲。

演講其實也一樣，演講者要針對聽眾的特質，決定他們是屬於好奇的「未知」型，還是期待的「已知」型。

題。

爲了要知道今天的聽眾屬於哪一種，我在演講一開始的時候，一定會先問聽眾一個問

如果聽眾看起來是青年、中生代，我會問：「我們曾經見過面的請舉手。」

如果聽眾的年齡差距很大，我會改問：「知道我是誰的請舉手。」

如果聽眾都很年輕，或是在學的學生，我則會問：「小時候在國語、國文課本上讀過我課文的請舉手。」

無論哪一個問法，如果舉手的人很多，那麼一定是屬於期待的「已知」型，我要抱著跟老朋友說話的口氣來進行這場演講。這麼問的好處是，我也因此可以很快地拉近那些沒有舉手的新朋友的距離，他們應該很驚訝看到身邊竟然有那麼多人舉手，所以也會從原先的「好奇」，轉爲「期待」。

畢竟一般來說，人對於陌生的事物比較保持戒心、懷疑，但對於有點熟悉的事物，就會比較放鬆、信任。我想要一開始就創造那種放心、信任的氣氛。

如果我看一眼聽眾，這些人應該都是陌生人，那麼我就不會問這些問題。也有可能誤判，問了問題發現沒有人舉手，那怎麼辦呢？

沒關係！用另種一方式取而代之，我會創造共同的經驗，像是對大家說剛剛來的路上好塞車啊！大家辛苦了！或是先說一下剛剛搭同一部電梯到演講會場時，我聽到大家在聊

的話題。總之找到共同的經驗，就可以先拉近距離。

然後再立刻拉開距離。我會介紹我的工作，是一個在緬甸內戰的山區，教當地叛軍、武裝部隊，如何跟政府和平談判的NGO工作者。因爲從來沒有人聽說過這樣的工作，也不知道這份工作在做什麼，所以會立刻讓本來不認識我的人，因此產生「好奇」。

開始的地基打得好，只要中間沒有出大錯，演講從一開始就能一錘定音。

知道自己在講什麼

演講時使用PPT簡報，當然會有它的作用，比如說關鍵字是一個陌生的專有名詞，或是演講的內容是天文學的新發現，這種時候，語言能夠勾勒出來的「音風景」可能不夠具體，難以想像，就需要簡報的輔助。除此之外，我並不建議演講者大量使用PPT。

演講如果一開始，就把PPT簡報放在投影布幕上，演講就變成了一個準備充分的「表演」，有一定的招數跟套路，觀眾什麼時候該笑，什麼時候應該表現出驚奇，都在這份設計之中。

而且只要PPT張數越多，設計越精美，被「設計」的感受就會越強。

老實說，誰都不喜歡被設計，這樣感覺起來好蠢！

身爲演講者，無論演講的內容是什麼，是失智症家屬的照顧，還是義大利的私房景點，**我都必須確定，這是我非常深度了解的領域**，而不是網路上查來的內容，或是主辦單位交給我的資料。而「我眞的知道我在講什麼」最好的證據，就是能夠不需要ＰＰＴ簡報，也能夠用說話表達，快速勾勒出一個清楚的藍圖，讓每個人都能夠在腦海裡看見那一幅圖畫。

「如果我對內容眞的不熟悉，那怎麼辦呢？」

當有人這樣問我時，我就會非常誠實地告訴他：「那麼這就不是你應該要講的題目。」

只要這是一個你懂得很多的題目，你自然而然會顯得有自信，就算口才很糟糕，聽的人也會看到你的熱情，而眞誠與熱情，能遮掩百分之九十九表達上的缺陷。

一期一會

我同時也是個謹守著「一期一會」哲學的人。

所謂的一期一會，就是把人與人的相逢，**每一次都當作是第一次**，也把每一次當作是最後一次。沒有什麼叫做「今天感冒，狀況不好，非常抱歉，我平常不是這樣子的」這種事，因為這一次，極有可能就是我們這輩子唯一一次的見面。無論今天的狀態多麼特殊，前一晚失眠，花粉過敏，剛剛來的路上被警察開罰單心情不好，或是牙齒痛到不行……無論任何原因，沒有辦法把自己最好的一面表現出來，別忘了很可能根本不會有下次，所以這次我們給對方的印象，將是他這輩子對於我這個人全部的印象了。

我在當配音員的時候，特別害怕感冒。但工作就是工作，所以就算一面咳嗽，聲音充滿了鼻音，喉嚨沙啞，還是要硬著頭皮把百貨公司週年慶的廣告完成。

讓人驚訝的是，除了我自己跟錄音師之外，無論客戶還是聽到廣播的路人，似乎沒人發現我感冒超嚴重——他們之所以不介意，搞不好是因為誤以為我的聲音本來就這麼沙啞富磁性。

「他們誤會我了嗎？」或許。

「我需要解釋嗎？」大可不必。

不必要解釋的原因有二個：第一，這樣也沒什麼不好。他們誤以為我的聲音就是這樣，但也不盡然是錯的，因為即使喉嚨沙啞的聲音，也確實是我的聲音，只不過並非我心目中認為自己最好的聲音罷了。說不定比起我自己認為好聽的聲音，有人更喜歡這樣的聲音？

第二，我的解釋，極有可能是多餘的。如果這個人，這輩子不會再遇到我第二次，他真的有需要知道我的聲音，跟平常不一樣嗎？

第三，我可能犯了「本末倒置」的毛病。人們不是爲了我的聲音來聽演講的，而是爲了內容。因爲我不是歌劇界的美聲天王天后，聽眾一定不是爲了來聽我的聲音，所以我如果應該向他們抱歉的話，是爲我的內容不夠好道歉，而不應該是我的聲音不夠好。

想清楚了以後，抱著這樣「一期一會」的覺悟，場地可能不夠好，麥克風有問題，我的狀態不佳，準備不充分（有不止一次，我到了現場，才發現題目跟我知道的不一樣！）但我都得下一個決定：「無論如何，現在就是我們唯一的時間，而這裡就是我們唯一會相聚的地方，就是這樣了。現在，我該如何透過說話表現自己？」

然後，一切就變得清楚、簡單多了。

知道聽眾為什麼會來

你知道這個人爲什麼會來聽你說話嗎？

收高昂費用的演講、收低廉費用的演講、收費但票價可以當場折抵消費的演講、不收費但收訂金的演講，還有不收費但是要預約的演講，以及完全不收費也不用預約的演講，每一種吸引來的聽眾型態都非常不同，期待也不同。

就像明明同是大提琴家，用同一把琴演奏同樣的曲目，付了很高的價格在人數有限的藝文沙龍裡聽，跟正好路過聽到一個街頭藝人在路邊拉琴，我們的態度跟期待就會完全不同，一個可能是「什麼！原來馬友友也不過如此！」而另一個則是「今天能讓我聽到，眞的太幸運了！」

演講也是一樣，如果不知道聽眾的期待跟態度，演講者也一定不可能對聽眾說該說的話。

演講還有一種非常常見的聽眾，是「不得不」參加的。

公司舉辦的，以後還想混的員工不敢不參加。

被男女朋友拉來參加，其實一點都沒興趣。

學校規定當作上課，不但要參加，而且要點名，寫心得報告。

缺少服務學習時數、公務人員講習時數、教師進修時數，因此只是來簽到、簽退。

或者是保險公司、直銷公司拿「聽演講」來當作吸引潛在客戶的銷售工具。

也有可能因爲送餐盒，會後憑入場票根還有誘人的摸彩。

演講者如果假裝台下的人，都應該興致勃勃來聽演講，很難不失望，因爲這些人會滑手機、聊天、睡覺，不時進進出出，用各種積極的抵抗來破壞整體的氣氛。

所以我必須從一開始，就得到這類聽眾的注意。

最好的方式，就是**我知道他們的存在，並且同理他們的處境**。

「雖然我是因爲自己眞的想來，所以今天才會出現在這裡，但我知道其實很多人是不得不來的。」

如果我判斷這樣的人數比例高的時候，會在一開始就請他們從自己的經驗裡面來搜尋。

「你有沒有這樣的經驗，一本你原本不可能會從書架上選來看的書，或一部你不會去戲院看的電影，可是因爲你很信任的人推薦，半信半疑之下看了，結果出乎意外，覺得很喜歡？」

我希望透過這個貼近生活的經驗，讓這些不想來，但無論什麼原因，已經坐在台下的人知道，今天可能就是另一次這樣誤打誤撞的美好經驗。

「希望從現在開始兩個小時，當我們要結束時，你會同樣有那種『啊！還好我有來！』的感受！」我笑著拍自己的胸脯，「至於能不能做到，這任務就交給我吧！」

用每個聽眾都聽得懂的語言，表現出對於他們處境的同理之後，我把成敗的責任攬到自己的身上。而不是像很多學校的老師，總是自我感覺太過良好，認爲學生不認眞聽或聽不懂，一定是學生的問題，而不是自己講得不好。

知道別人聽到的是什麼

無論老師或是上司，時常以比較高的姿態，讓我們不得不安靜聽他們說話，但是他們卻往往沉浸在自己做的PPT簡報，或想要急於表達的觀念，對聽眾的想法不感好奇，所以不在乎聽的人聽到了什麼，或聽到以後內心怎麼想。

即使在很專心的時候，我們只看過一遍的文章段落，都不見得能夠立刻了解，需要慢下來，回頭反覆咀嚼，更何況是在充滿讓人分心因素的演講場合，台上的人只匆匆帶過的話語呢？

因此我會提醒自己，說的時候，把自己當作聽的人，**「把複雜的話變簡單」「簡短」**，並且**「對於對方聽到什麼，抱持眞心的好奇」**。

1・複雜→簡單

什麼是「把複雜的話變簡單」？媽媽往往會幫我們把一整顆蘋果削成剛好一口一片，容易拿取、容易入口的小塊，在英語裡叫做「bite size」，意思就是「剛好一口的分量」。並不是一整顆蘋果不能夠直接拿起來啃，而是如果沒有人削成剛好一口的分量，很多時候我們就會因爲懶得吃而放棄，或吃得很狼狽，而減少去吃的慾望——即使那個東西本身是美味的。

所以我會限制自己說話的內容，保持簡單，**一次只提一個理念**，確保我說的每一句，都是「剛好一口的分量」。

與其太貪心，覺得自己想說的每個觀念都好重要，造成消化不良，還不如確定一次一口，能夠徹底欣賞那一口的美味，仔細咀嚼，心滿意足地吞下去。

「簡單」很重要，我們想要傳達的想法和理念，都應該盡量保持簡單，可以清楚看得出原形。所以吃蘋果的時候，就知道自己確實在吃蘋果，而不是用荔枝果汁浸泡過後、再蘸抹茶鹽的蘋果。雖然那些元素分開來都有可能是好東西，而且是創意的組合，甚至對我們自己來說超級美味，但這麼複雜的組合，只有自己清楚，因爲是自己想出來的。然而別人幾乎不可能記住艱澀又困難的「泡過荔枝水、蘸了京都抹茶鹽的完美蘋果片」，讓人印象深刻的往往是簡單的概念，或簡單幾句話就能闡述清楚的一小片好吃的蘋果。

2・長篇大論↓簡短

不只「簡單」，還要「簡短」。知名的TED演說，規定一場演講需在十八分鐘內完畢，就是因爲過長的時間，聽眾的注意力會分散。

因此，認爲自己口才不好的人，保持簡單的演說長度，有很大的好處。不只在台上，在日常生活中更是如此。

在職場上，不管是和老闆簡報工作內容、向客戶提案、銷售產品或爲顧客提供服務，還是在會議中發言、向內部同事分享經驗、做教育訓練等等，這些場合的說話內容，都不會、也不該是兩個鐘頭的演說，而是區區幾分鐘的短講。

即使我在做兩、三個小時的演說時，也常常故意細分成「十點」主題，讓每一個十分鐘都是一場單獨的小演講。不但完整性高，而且顧慮到演講的時候，隨時有人突然放空，睡著突然醒來，去上洗手間、喝水；有人塞車晚到，有人必須早走去接孩子。這樣一來，就算錯過其中一些單元，但是因爲**每個小單元很簡短、很獨立，發現自己隨時都可以接得上，效果就會更好**。

3・不是炫耀知識而是激發好奇

至於爲什麼要「對於對方聽到什麼，抱持眞心的好奇」，是因爲**我們說話的時候，有一個容易犯的錯誤，就是往往把精力花在我們自己想說的事情上，而不是別人眞正想要知道的事情**。

從小到大在課堂上，一定有很多這樣的經驗：老師在台上，獨自決定學生需要聽到什麼，而且一直趕進度，卻忘了問學生聽到了什麼。結果我們就在老師的好意之下，痛苦地接受了很多我們並不想學的事，或是一知半解、甚至錯誤的知識。

但當有一天，換成我們自己站在台上說話的時候，卻時常忘了那種痛苦的感覺，把精神花在準備簡報ＰＰＴ，像個認眞的好老師那樣，專注在自己要講什麼，而沒有從坐在台下的人的角度來想：如果我是聽眾，我會想聽到什麼？

別忘了給聽眾一個「我爲什麼應該關心這件事」的理由。

要將一個理念帶給台下聽眾，需要讓聽眾的腦袋願意接納我，最好的方法是把我想說的事，跟他的生活經驗產生連結，激起觀眾的好奇心。

「泡過荔枝水、蘸了京都抹茶鹽的完美蘋果片」，就是可以激發台灣人好奇心的描述。大多數台灣人，尤其在南部，都曾在夜市吃過當場調味的芭樂，先在濃縮的金桔果汁中稍微浸泡醃漬，再撒甘草梅粉。所以我描述的經驗雖然是全新的，但很容易轉換，而且立刻燃起內在的「美食魂」，想要知道「泡過荔枝水、蘸了京都抹茶鹽的完美蘋果片」究竟是什麼味道的慾望，想要回家以後趕快嘗試看看，化爲行動，而且知道該怎麼做。

我相信一**個好的講者，不是重新去建構一個宇宙，而是透過說話，點出別人的世界觀裡的一處知識斷裂點，讓他們感受到橋接知識的必要**。

畢竟演講不是爲了要炫耀講者豐富的知識，而是要把知識傳達給台下的人，所以盡量用比喻或抽換成夠簡單、但觀念相近的例子來解釋，讓聽眾感同身受，產生情感上的連結，才能幫觀眾連接那個知識的斷裂點。一言以蔽之，就是「知道怎麼當一個好老師」。

Mind map：勾勒出心靈地圖

有好的地圖，才不會迷路。

可是怎樣才叫做一份好的地圖？並不是鉅細靡遺，比例尺正確，製作精美的地圖，就是好地圖，而是清楚明瞭，可以清楚指引方向，到達想去的地方。一個不習慣看地圖的人，如果手上多了一份好地圖，只要經過一點幫助以後，就可以看懂，而且不只此時此刻看懂，下次也可以自己看懂，甚至可以畫另一份出來，告訴不懂的人。

觀念的地圖，也是同樣的道理。

很多人演講的時候，把台下那種「謙虛做人」的習慣，也帶到台上，其實對於演講，只有傷害，而沒有好處。那就好像原本清清楚楚的地圖，因爲你的拐彎抹角，而變得複雜、難以看懂。

如果你因爲有機農業的「草生栽培」而被請上台，就請直接開開心心、充滿自信地講「草生栽培」的經驗跟好處，而不是上了台以後，一直謙虛地強調：「『草生栽培』其實也沒什麼特別的。」「我相信還有很多方式，都比『草生栽培』更好……」那麼台下的觀眾一定會很困惑，「你一直說『草生栽培』既不怎麼好，也不特別，那我還需要聽下去嗎？」

地圖就是清楚明瞭，可以簡化，發揮「截彎取直」的好處，一旦因爲禮貌，拐著彎說話，就只會帶來混亂。

既然走上講台，就不用謙虛，因爲人家會請一個講者上台講話，一定是認爲這個人有值得傾聽的想法和經驗。如果這時候因爲謙虛，躲躲藏藏，以爲這是禮貌，那你就錯了，沒有讓聽眾滿足他們來拓展視角的目的，這才是最不禮貌的演講者。

眞正謙虛，會表現在對聽衆的體貼上。

抱著幫不認識的人畫地圖，讓他等一下可以自己尋路而去的心態演講，就是眞正的謙虛。

知道如何一步一步、按部就班地建構這場演說，就像我們要如何指路，才會讓別人知道怎麼去，只是我們畫的，不是登山地圖，而是心靈地圖。

這是一張好用的心靈地圖，說對方聽得懂的語言，有清楚的核心，有明確的座標，沒有太多專業術語或艱澀抽象的概念。

Mental picture：勾勒出具體畫面

PPT簡報如果有什麼好處，那就是當一個觀念太過複雜的時候，可以用一張簡單明瞭的圖片，來替代千言萬語。

從小看電視、看漫畫、打遊戲長大的我們，養成用視覺理解的習慣，比起聽覺完全抽象的描述，我們的腦袋更能理解、記憶有關影像的訊息——除非你是個善於使用語言的人，可以用語言畫出一幅栩栩如生的「音風景」。

如果你發現自己沒有這樣的功力，那就使用畫面吧！

我說的畫面，不僅是PPT簡報上的畫面，也可以是我們實際上帶到台上的小道具，可以是我們上台穿的衣服，可以是表演的手勢、動作，這些都是為抽象的概念「勾勒具體畫面」的方法。如果發現自己用口語解釋費力、費時，那麼就試著找到可以讓聽眾當下更有反應的畫面，演講結束之後，也更容易回想你說過的內容，因此會更有效果、更有影響力。

但是怎樣的畫面，才是好用的畫面？我有幾個檢視的標準，是講者可以在準備的時候問自己的。

解析力：這個畫面，是不是清楚地說明了我用語言很難說清楚的事？

精簡力：這個畫面，還有沒有可以去蕪存菁、更加精簡的地方？

掌控力：這個畫面，我有沒有辦法hold住？還是不同的人會有不同的解讀？

吸引力：這個畫面，有沒有「吸睛」的效果？

說服力：這個畫面，能不能符合常識、說服大多數人？
故事力：這個畫面，我有沒有辦法連結到一個有趣的個人經驗或故事？
感染力：這個畫面，是不是能夠進一步引申，舉一反三，更加深入？
找到這樣的畫面，對講者也有莫大的幫助，因爲再也不用去背演講稿，只要去好好描述那個畫面就行了！

保持自然的技巧

當台上的講者越自然、越坦誠不做作，聽眾就越沒有抗拒感，也因此越容易進入講者用說話描述出來的小宇宙。

而這樣的「自然」，是設計出來的，「自然」指的不是分辨不出來這個人只是站在台上聊天打屁、自言自語碎碎唸，還是在演講。

爲了要營造出一個精心設計的「自然」，有幾個技巧我常用。

技巧一：用簡單的語言

最好用接近談話的方式，用簡單的語句表達清晰的思路，不要咬文嚼字，絕非必要的話，也不要使用專有名詞。語言要簡單清晰，**用簡單的詞句，不要用複雜的句式**。

技巧二：善用留白

講話過程中如果需要，可以停下來思考。

我們在看書的時候，到了一個段落，會覺得需要一點思考的時間，才能繼續往下讀。演講的時候，爲什麼不能也這樣呢？那些有經驗的演說者，都會創造「**戲劇性的停頓**」。

我們在轉換想法時，沉默是自然的。不必對沉默感到不自在，因爲停頓能讓聽眾有時間消化講者所說的內容。

除了留白的時間，使用停頓取代填充詞，我也喜歡互動發問。

通常每講一小段後，我也會提醒聽眾說：「歡迎隨時打斷我，不用等到最後的Q&A。」留給聽眾立即發言的機會，也是停下來思考的一種方式。

技巧三：保持真實感

自在，別人就越容易相信你說的。你的肢體語言會傳達一切，**不必過度演練，不要背稿**，只需要好好地傳達你想說的理念，並保持眞實感。

技巧四：不是很多語助詞就自然

很多人日常說話上，語言裡有很多沒有意義的語尾助詞，或是兩句之間停頓的時候，不知道爲什麼自己會突然若有所感地冒出「對啊！」「嗯。」或者「好喔！」這跟語尾常常說「做一個××的動作」，或是「you know」「OK」一樣惱人。要察覺自己平常說話的壞習慣，並且有意識地改變，**砍掉語言習慣裡的雜草叢生**。

語言之外，還有更重要的

演講除了口說的語言，還有語速、語調、肢體語言。就像我在《給自己的10堂外語課》這本書裡面強調的，根據語言學家分析，口說語言的內容本身，其實只傳遞了百分之七的內容，百分之五十五是靠肢體語言，比如動作、眼神交流，表現內心情緒的面部表情等視覺傳遞，另外還有百分之三十八是靠語調、語速等聲音附加的特質傳遞。

所以演講時，**不能只強調語言**，聽眾要能夠從肢體語言跟語調中感受到，我對正在說的這件事情真的很感興趣，充滿熱情，我相信我正在說的內容很有價值，而且我相信知道這件事情對你很重要。

如果自己對自己說出的話翻白眼，或是眼神盯著電腦螢幕或者講稿，迴避跟人眼神接觸，不可能會讓人相信說話的內容。

當想要思考的時候，與其用無意義的句子塡滿，還不如**直接停頓**。因爲一個好的演講者知道什麼時候應該停頓，什麼時候應該聲音洪亮，什麼時候應該轉調，什麼時候要加速。

1・眼神接觸

通常兩個人面對面講話時，與對方眼睛的接觸，最好把握在三～六秒左右。但是在講台上屬於「一打多」，仍然可以有意識地跟不同的聽眾眼神接觸，隨便左邊選一位，然後右邊選一位，再來中間選一位，如此一直反覆，直到演講結束爲止。**最好讓每一個台下的聽衆，都記得在這場演講中，他的眼神曾經跟你對上過**，這會讓他對你這個人、還有整場演講印象深刻。

2・走下講台

如果發現舞台的設計，讓講者跟聽眾的距離很遠，或是演講到一半，感受到聽眾跟你說話的內容，產生了很大的距離感，那就跳下講台吧！走到最前排的聽眾那裡，甚至走進聽眾裡，很友善、隨興地隨便問任何一個人，你知道他一定回答得出來、或是他一定會有自己意見的問題。

當講者像神明走下神龕的刹那，整體氣氛一定會立刻轉變，跟著活過來。

別忘了好的結尾

很多演講者有虎頭蛇尾的毛病。一開始的前幾分鐘非常好，接著就慢慢走下坡，到了最後的時候，已經變成自說自話，聽眾也已經睡倒了一半。

我常常懷疑，這些講者是不是沒有運動的經驗跟習慣。

一個喜歡跑步的人，一定知道「配速」的重要性。既然演講要有強而有力的開始，也當然要有一個強而有力的結尾來結束，而中間也要「勻速」，有時候稍微加速一點帶給肌肉一些刺激，有時候慢一點讓自己有休息的感覺，演講當然也要如此。

一個好的結尾，可以達到幫聽眾做「**重點整理**」的效果，回憶剛才聽到了什麼，爲什麼是這樣的邏輯跟順序，作爲講者最重要的信念、以及最希望創造的改變等等。幫聽眾把兩個小時的內容，用一分鐘梳理，而這一分鐘，可能就是他回家以後唯一記得的絕大部分。

我也相信，一個強而有力的「結尾」會有感染力，鼓勵人決定把剛才聽到的話語，立刻變成行動。

我自己常用的總結方式，是根據主題找一段我喜歡的名人佳句幫我總結。比如當我在說自己國際NGO組織的工作經驗時，結尾部分可能就會引用印度聖雄甘地的名言：「成爲你想在世上見到的改變。」（Be the change you wish to see in the world.）來當作我的結語，也藉這個機會，說這句話如何從學生時代就作爲我案頭的座右銘，一路對我職涯選擇產生激勵。

所以突然之間，那就不只是一段遙遠的名言，而是跟我產生非常個人、非常私密的連結。我在演講的最後，決定把這個對我個人非常重要、非常私密的連結，作爲跟大家的連結。

這時，我常常會看到有聽眾眼眶泛淚，那不是因爲煽情，而是**因爲眞誠**。而之所以動人，是因爲到了演講的尾聲，我們從原本絲毫沒有關係的人，變成了有關係的人，我們共同支持著同一種生命價值。

很多人以爲演講是很難的事，但演講也可以是最簡單的事情。因爲那不是上台「表演」，而是跟人面對面，把我們心裡眞摯的想法，沒有任何落差地傳遞給聽的人的過程而已。

第 6 課

學會說話，就能跨越鴻溝

打零工如何教我跟不同的人說話

第6課 重點提示KEYWORD

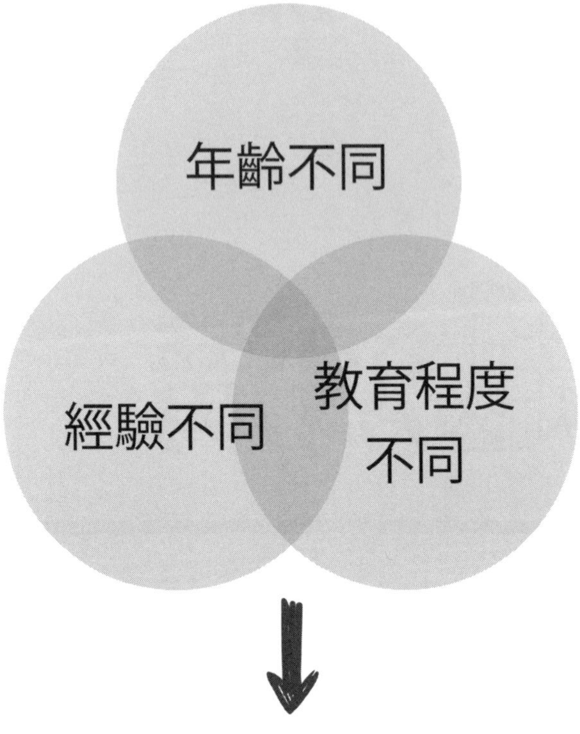

注意力放在彼此最大的交集

一場和護校學生的生涯工作坊

有一回，我應邀到一座相當偏僻的私立護校去擔任生涯工作坊的講師，看著台下清一色的女學生，嚼著泡泡糖，拿著小鏡子在化妝，滑手機、睡覺、聊天時，我當場決定關掉投影機，放棄我原本準備的PPT簡報檔案。我走到窗邊，把視聽教室的窗簾通通拉開，下午明亮的陽光瞬間灑進了教室。老師跟學生們突然都露出困惑的樣子，不曉得台上的這個大叔想幹嘛，是不是生氣了？

我並沒有生氣。

「不知道自己以後要做什麼的請舉手。」我走回講台前，微笑地看著青春正盛的臉龐。

一、兩隻手怯生生地舉起來，我帶著鼓勵的微笑，環顧著每一張以自己的方式美麗著的臉。慢慢地，有越來越多的手舉起來，過了一分鐘，除了少數幾位用懷疑的斜眼瞪著我之外，幾乎所有學生都舉手了。

「恭喜妳們！」我為她們拍手叫好。

然後我解釋，我的想法跟很多家長、父母不一樣，因為我相信：

「你以後最想做的工作，搞不好現在根本還沒被發明出來！」

我這麼說是有證據的。爲了證明這個「偏激」的觀點不是空穴來風，我請大家一起想，哪些工作是現下年輕人認爲當然是「眞正的工作」，但是「大人」根本不懂的。

很快地，我們有了一長串有趣的名單：

直播主

經營網路商店

代購

Airbnb

設計LINE貼圖

網紅

YouTuber

韓國藝人

Uber司機……

從小就知道自己要當醫生、當老師的孩子，對於要如何成爲一個直播主、YouTuber，可能並不關心，搞不好連聽都沒聽過，以後當然不會變成直播主或YouTuber。只有不知道**自己要做什麼，也沒有一定非做什麼不可的人，遇到一個新行業時，才會去嘗試、追求，所以就會變成一個比較有趣的人。**

我在身後的黑板上把大家的答案寫下來以後，轉過來面對學生們：

「所以不知道自己以後要做什麼，是不是比較好呢？」

台下原本黯淡的眼神，慢慢地露出了亮光。

我看到的這群學生，並不是老師們看到的「不知進取」的「迷惘年輕人」，而是學校並沒有教他們如何趁在學校的時候做準備，才能成為一個「知道如何擁抱未知」的人。

我轉而又問：「但是有沒有可能等妳們出社會的時候，這些現在覺得很『新』、或是很想做的工作，到時候已經不夯、不想做了呢？」

想了想後，很多人都點頭。

「那怎麼辦？」我把這個問題丟回給在場的學生們。

準備面對未來了嗎？

一個人要如何透過「學校」「教育」「學習」，準備好自己去面對難以預測的未來？

一個世紀以前，世界上大部分的職業都是農業相關的工作，但這些工作到今天，已經消失了百分之九十以上，說不定現在學習寫程式、財務會計，未來十年後都會被機器人取代，就跟機器取代插秧跟收割一樣革命性呢？

「多去看外面的世界，對問題保持好奇心。」我給學生們兩個建議。

多去看外面的世界，因爲你最想做的工作，搞不好已經被創造出來，只是你不知道而已。比如在三十歲去學習航海之前，我從來不知道原來已經有護士靠著在郵輪上開「海上洗腎中心」，一面賺錢，一面幫助別人，一面爽爽地環遊世界。

至於對問題保持好奇心，是因爲我們雖然無法預測未來的「職業」，但可以確定的是，只要是已經存在的問題，就一定有被解決的需要，只是解決的辦法，目前還沒出現而已——無論是上網速度太慢，癌症沒辦法被治癒，還是年輕人買不起房子，騎摩托車太危險，獨居老人越來越多等。雖然現在看起來無法解決，但現在的問題一定會轉變成未來的工作。

「老師，爲什麼你會知道？」有一個化著濃妝的女學生舉手問。在場的老師顯得很驚訝，因爲整個學期這是她第一次在課堂上發言。

「我知道，因爲我自己就是在學校的時候，那個完全不知道以後要做什麼的人啊！」

我笑著說。

不需要見人說人話，見鬼說鬼話

我現在的工作，是每年在四個國際ＮＧＯ組織擔任管理顧問，包括在緬甸的山區協助武裝部隊準備停戰協議，在台灣的原住民部落開說故事工作坊，在法國的哲學機構爲企業內部進行哲學諮商，還有在國際公海上爲船員做衝突解決的訓練。這四個工作通通都是我在學生時代，甚至幾年前，無法想像也不知道是什麼的，現在卻都成了我「眞正」的工作——即使我常常花很多時間說明，我的媽媽還是不知道我每天全世界飛來飛去的在幹嘛，但是她知道我很開心，而且不會餓死，那就好了。

從現在開始五年之後，搞不好我會做跟現在完全不同的事，但現在的我，並不知道那會是什麼，也不擔心，因爲我知道無論如何，一定會很有趣。

如果你也不知道自己以後要做什麼，或是不知道在學校學的知識，跟未來會有什麼關係——你很有可能是對的。

走出去看外面的世界吧！

保持對世界各種問題的好奇心吧！

趁著青春時光，打開一扇一扇通往各種可能性的大門，學習具備「學會新事物」的能力，成爲一個「知道如何擁抱未知」的人，至於「考試」跟「成績」，相較之下都是不太重要的小事。

把注意力放在共同的「最大交集」

我跟護校女學生之間，幾乎沒有共通點。但在課堂結束時，我們變得彼此了解，看得出來，她們的老師覺得不可思議，又有些嫉妒。

跟與自己完全不同的人溝通的能力，是從中學打工開始培養的。那時候，我平常在小吃店洗碗，週末在天橋上幫舞廳綁廣告布條，過年期間則擺路邊攤賣錄音帶（時代眞的很久遠！），所以一定要學會跟各式各樣的人對話。

他們或許跟我的年齡世代完全不同，跟我的教育程度、經濟背景不同，或跟我的生活經驗不同。但是爲了要一起工作，或向他們推銷東西，我必須要用心去揣摩城市人跟鄉下人的不同、老人跟年輕人的不同、在地人跟觀光客、白領階級、黑手的消費心態的不同、普通高中生跟職校生的不同、自信的人跟自卑的人的不同、男人跟女人的不同。身障者跟行動自如的人看世界的角度不同，但有趣的是，身障者跟個子特別高或特別矮的健康人，心態上竟然有很多非常類似的地方。

向覺得比自己美的人推銷，跟向覺得比自己醜的人推銷，原來方式也必須不一樣。

當我在台大念書時，在五專擔任社團指導老師，或是在宿舍跟來自哥斯大黎加的室友相處，對我來說，來自不同世界的人，已經不會帶給我溝通上的困擾。因爲我發現一件重要的事：無論眼前的這個人，跟我有多麼不同，其實**我們之間的共通之處，永遠比我們的相異之處更多**。

要變成一個能夠跟與我們很不同的人，順利說話的人，並不是「見人說人話、見鬼說鬼話」，那只是很粗劣的銷售，很容易被一眼看穿自己的虛僞不眞誠。如何能夠眞誠地跟與我們差異很大的人對話，其實是我從學生時代開始，到處打零工、擺地攤慢慢學習而來的。

跨越鴻溝的重點，就是**不要把注意力放在我們之間不同的地方，而是找到對方跟我們共同的「最大交集」**。

改語彙，不如改觀念

賣弄「流行語」或「專有名詞」，**是最常被誤用的糟糕伎倆，也是溝通時最大的敵人**。無論是小孩假裝成熟賣弄學術用語，還是大人裝年輕說流行語，如果根本不自然，只是爲了要刻意拉攏距離，反而讓人覺得很不舒服，距離也因此更遠。

當父母太想要在孩子面前顯示自己心態年輕，自以爲幽默地說：「快去洗澡，不要塑膠我！」不但不會減少代溝，反而會讓孩子抗拒感更強。

如果你不知道「塑膠」是什麼的話，「塑膠」是台灣許多國高中生使用的動詞。比如在徵友網站，有些人會說自己要「徵個不塑膠不句點的穩聊」，至於「被塑膠」就是對方已讀、不理人或是不讀不回，根本被當作塑膠假人的意思。

可是爸媽這樣說，有什麼問題呢？

問題大了！因爲只有字眼改了，觀念並沒有改。

青少年彼此之間，當然不會催促對方去洗澡，或是做任何自己不想做的事情。老實說，早一點洗澡，晚一點洗澡，甚至一天不洗澡，三天沒洗澡，都不會怎樣，所以父母說的這句話，根本不會成立。

父母把「趕快去洗澡」當成大事，還覺得自己委屈，不但三催四請，還要學習孩子的流行語。但對孩子來說，父母只是一如往常，一直對不重要的事情碎碎唸而已。

做觀念老舊的事情時，還綁架年輕人的詞彙，這在孩子心目中，簡直罪加一等！

這些父母可能忘了，自己在同樣年紀的時候，他們的爸媽搞不好也曾經爲了裝開明，說出：「快把馬子帶回家給爸媽看看啊！」這種讓人渾身不舒服的話，卻忘記自己現在正在做一樣的事。

相同地，一個年輕人也不需要爲了得到長輩的認同，而說出一些自己也不是眞正明白的「掉書袋」的話語。

如果你也不知道「掉書袋」眞正的語源跟意思，那是出自宋代馬令的《南唐書・彭利用傳》記載：「對家人稚子，下逮奴隸，言必據書史，斷章破句，以代常談，俗謂之掉書袋。」

書袋本是讀書人裝書的袋子，掉書袋則含有動輒喜歡徵引古書，賣弄淵博的意思。想像一個讀書人不停從書袋裡，像哆啦A夢的口袋般，搬出搜羅的詞藻、引經據典。於是後人便常以「掉書袋」譏諷人愛引用古書詞句，賣弄才學。比如我在這裡，跟你解釋什麼是「塑膠我」，就是一種「掉書袋」的另類表現。

所以要透過說話拉近距離，眞正重要的不是改語彙，而是改觀念。

真心好奇對方腦中的想法

有一種人溝通注定失敗，就是自以爲什麼都知道。

「啊！這個我很清楚，我以前也是跟你一樣……」

用自己的經驗來理所當然地想別人，侃侃而談，就算說的內容再有道理，也很難讓人聽進去。

「你又不是我，你憑什麼說你知道？」對方表面不一定會說什麼，但心裡一定會覺得不舒服。

眞正的對話，是你在「說話」之前，需要先了解別人腦子裡的想法，無論對話方是誰，因爲很多人會用自己主觀的判斷，面對這樣的人時，我們就會立刻自動關上跟對方的連結。

有學生曾經問我的哲學老師奧斯卡・柏尼菲，爲什麼他做哲學諮商的時候，可以在最短的時間內，對客戶有如此深層的了解，他只是聳聳肩說：

「因爲我對他們腦子裡在想什麼，眞心感到好奇啊！」

但是很多諮商師，或是企管顧問，總認爲有一定的「套路」，往往很快就認定自己知道了問題的原因，了解了一點點後，立刻用幾個常用、現成的模組來直接套用，甚至鐵口直斷，這麼做的結果，就失去了眞正了解的機會。

學會問「優質問題」

學會問問題，別問假問題，是一件很難的事，我們時常犯這種錯誤。比如一個母親會對孩子說：「你不覺得應該寫完功課再玩遊戲嗎？」

很明顯地，這個問句，並不是母親眞的想知道孩子的想法。因爲孩子眞摯的想法當然是「不覺得」。

但孩子知道這是個不能誠實回答的「假問題」，如果不想說謊的話，只好繼續閉嘴，當作沒有聽到，或是違背自己的本意，放下遊戲去寫功課。

不管是哪一種結果，都不會達到溝通的效果，只會把兩個人之間的了解跟信任越推越遠。

日本作家粟津恭一郎在《你問的問題決定你是誰》這本書中，把提問分爲四種。

第一種是被問的人樂意回答，但是不會有什麼新發現的「輕鬆提問」，可以一開始用來收集信息，或是打破心防。

第二種是被問的人不樂意回答的「劣質提問」，同樣也不會有什麼新發現，但是會被看穿問的人「別有用心」，像是「你不覺得應該寫完功課再玩遊戲嗎？」

第三種是被問的人不樂意回答，但是會有所發現的「沉重提問」，比如探問隱私，或是包裝成指責的問話，比如「你不好好念書，以後要爸媽養你一輩子嗎？」雖然有時候，沉重提問能促成從凡事責怪他人的視角，轉變成意識到自己該負的責任，但是這種溝通可能有效，也可能帶來很大的傷害。

第四種是所謂讓被問者樂意回答，也會有所發現的「優質提問」。我自己努力的方向，就是朝著讓我大多數的問題，符合「優質提問」而努力。

在我心目中的優質提問，可以透過發問，讓被問的人，樂於去認眞思考。比如說「你不覺得應該寫完功課再玩遊戲嗎？」可以變成「你要怎麼規劃寫功課跟玩遊戲這兩件事？」而「你不好好念書，以後要爸媽養你一輩子嗎？」可以變成「你這輩子最渴望達到的目標是什麼？」

學會「優質提問」，就能以「提問」取代「指責」或「建議」，眞心感到好奇，也就一定會有新的發現。

確定溝通目標

一個家長，爲什麼會對孩子說「你不好好念書，以後要爸媽養你一輩子嗎？」這種話？父母可以自己思考一下：「我這麼說的眞正目的是什麼？」

趕快去洗澡、去做功課、不要玩電腦、整理房間、別哭鬧，應該都不是眞正的「目標」。那麼什麼才是「目標」呢？

長大後成爲負責、獨立、勇敢、有愛心的成人。

如果不清楚自己眞正的目標，就會很容易對別人說出自己其實也不能同意的話。

所以從「獨立」這個目標開始，檢視自己「你不好好念書，以後要爸媽養你一輩子嗎？」這句話，有沒有更好的說法，讓孩子清楚知道，父母認爲「好好念書」是成爲「獨立大人」的重要道路。

但是「好好念書」眞的就會變成「獨立大人」嗎？還是這樣聽起來有點怪？這兩件事中間眞的存在著因果關係嗎？如果沒有的話，爲什麼我會這麼脫口而出？這兩個概念中間，我是不是漏掉一些什麼？

再想一想，這個家長可能就會發現，他中間漏掉的是「賺錢」。

「啊！原來我的意思是，如果現在好好念書，以後就可以找到一份能賺錢的好工作。能透過工作好好賺錢的人，就是一個獨立的大人。」

確定自己要溝通的目標後，就能夠清楚知道自己的「弦外之音」跟「眞正的想法」。

「但是好好念書一定能賺大錢嗎？」

「如果念書是爲了以後能賺錢，我眞的認爲念書那麼重要嗎？還是我其實認爲賺錢比較重要？」

知道自己說一句話背後眞正的目的，才能夠誠實地與自己、與別人，溝通彼此腦中的想法。

邀請對方一起思考

我發現當我介紹自己的全職工作是「國際NGO組織的管理顧問」時，往往會發現別人的眼裡露出疑惑、似懂非懂的表情。

以前我都會認爲，自己講得這麼清楚了，聽不懂是對方的知識水平不夠。

後來我才發現，不知道怎麼把複雜的事情化繁爲簡，說得讓每個人都能聽懂，就是自己說話表達能力不夠的證據，而不是別人的錯。

發現我自己說話太複雜這個弱點以後，我學會在介紹自己的時候，細分爲幾個步驟：

1. 問對方是否知道「企管顧問」這份工作。
2. 知道的話，請對方思考一下，企業在什麼狀況，會聘請「企管顧問」？
3. 請對方想一想，企業會需要聘請「企管顧問」的場合，不是企業的政府組織、NGO組織，是不是也會遇到？
4. 如果同意NGO組織也會遇到同樣的問題，那麼NGO組織也會有需要聘請「企管顧問」的時候，只是因爲不是企業，不叫「企管顧問」，而叫做「NGO管理顧問」，但本質是一樣的。
5. 然後我會簡單說「INGO」（國際NGO組織）跟NGO有什麼法律定義上的差

別。

6．所以我的工作是「國際**NGO**組織的管理顧問」。

一旦我願意花一點時間，把我的工作拆成六段問答，**不是「告訴」對方，而是「邀請」對方思考**，於是原本很抽象、難以想像的「國際NGO組織的管理顧問」工作，就變得淺顯易懂了。而且因爲畫出了一條思考的路徑，所以不需要特別去背誦，一旦知道了，就永遠不會忘記。

這幾個溝通的工具，幫助我學會無論跟什麼樣的人，不管是什麼樣的性別、年齡、社會背景、語言、生活經驗、種族、個性，都能順利地說清楚我的意思，而不會有理解上的落差。

第7課

會思考，可以幫助說話

哲學諮商如何教我說話

第7課 重點提示KEYWORD

知道自己說話的目的

↓

知道如何才能達到目的

↓

確知自己在說什麼

↓

可以換個角度
站在聽者的立場

有些事，不用問大人

這幾年每到暑假，都會根據我的哲學老師奧斯卡・柏尼菲博士發展的兒童哲學系統，在台北跟北京給小學生舉辦邏輯思考夏令營。擔任聯合國教科文組織哲學顧問的他相信，每個已經開始學語言的孩子，當然就有足夠的心智培養完整的思辨能力，只是大人懂不懂得引導而已。

當我看著這些孩子，一個星期後帶著剛萌芽的思考能力離開時，心裡時常有一個疑惑，這些學會思辨的孩子回到家裡，如果父母並不重視思考，能不能夠得到充分的支持呢？

這個答案，我一直無從知曉。

今年夏天的課程結束後幾天，我收到一個孩子的母親寄給我的信，這位母親語氣中充滿無奈地說：

「……課程結束以後，我的孩子把課本留在教室，沒有帶回家，這讓我很生氣，因爲他是故意不帶回家的，他也不想一想，我之所以幫他安排這個課程，是期待能夠爲他點上對自己負責的一盞燈，這樣的不珍惜讓我迷惑，是不是我的教養環節出了什麼問題？我要怎樣協助他？」

我在準備要怎麼對這個家長說話時，做了兩個決定：

1．我不要「告訴」這個家長，用「提問」代替「告訴」，或許更能幫助這位家長思考。

2．提問的時候，我要試著把讓人不想面對的「沉重問題」變成想回答的「優質問題」。

我想了一想之後，做了這樣的回覆：

「這位媽媽，我有把您兒子的課本留下來，您要的話我當然可以寄給妳。對了，我認爲他是個有自己想法的孩子，不從眾，但並不固執，經過討論跟思考後，他總是願意接受合理的答案，勇於改變自己的決定，不會爲面子捍衛自己錯的觀點，我跟其他老師們都很喜歡他。所以無論他有沒有拿課本回家，我相信這一個禮拜他都學到很多。

我想藉這個機會，邀請您想這兩個問題：

一，課程結束後，課本一定要帶回家嗎？

二，爲什麼您的兒子決定不帶課本回家？」

這位家長立即的反應是道謝，給了我她的郵寄地址，並且說收到課本之後，希望藉由後續的討論，幫孩子調整他錯誤的觀點、以及說話不經大腦的習慣，找到自主學習的動力。

這是典型家長的反應，因爲深愛孩子，所以有時候家長自己沒看到。當他說「爲了要讓孩子學習獨立，決定暑假送他去參加歐洲遊學團」這樣的話語時，核心的思考概念是「控制」，完全跟希望孩子「自主」是背道而馳的。這樣的誤解很普遍，在我看來，正是孩子在家庭中，理性思考的發展遭到扼殺的證據。

這件事情雖小，卻讓我相當困擾，我是不是要違背這孩子的個人意願，將他決定留在教室的課本，寄給他的母親呢？我如果這麼做了，是不是背叛了這個孩子，讓他認爲大人雖然課堂裡不斷強調，每個人都應該要自己做決定、自己負責，但是我自己並沒有這麼做？

我決定靜靜等待。

一個星期之後，我喜出望外地收到了這位母親的另外一封信。信裡說：

「謝謝老師，經過思考，我想不需要麻煩您將我小孩的課本寄給我了，我相信他有滿滿的收穫。想拿到課本，是出於我對課程的好奇。他不想帶回家，或許也是因爲懶得跟我解釋太多——他喜歡塗鴉畫課本，可能擔心我質疑他沒有專心上課。不過我的好奇心一直是掛著的，所以，是否可以要一本新的？」

我心裡充滿了雀躍，在鍵盤上飛快打著：「謝謝您的反思，我很樂意另外寄一本課本給您！也幫我向您的孩子問好！」

當別人做了一個我們不喜歡的選擇時，我們眞的理解對方爲什麼這麼做嗎？

我透過這個經驗發現，**大人與孩子需要的思考練習，很多時候是一樣的**。**大人不一定比孩子想得更清楚**。

而當思考的種子，以家庭爲單位萌芽的時候，存活長大的機率，就變得更高了。

課本要不要帶回家？

在課堂裡，我總是面臨著一連串的**自我反思**。

學生在放學的時候，習慣性地問我：「老師，課本可以放教室，還是要帶回家？」顯然他們在學校，也遇到過同樣的情形。

其實我並不關心課本放在哪裡，因爲對在國外受教育的我而言，這是一件非常小、非常不重要的事。但我關心的是，這件明明不重要的事情，學生覺得自己可以決定，還是必須問大人？

如果孩子跟大人都一致認爲，必須由「大人」決定，我想知道的是：「爲什麼？」學生需不需要問老師，才決定今天學的知識可以放教室，還是要帶回家？如果知識已經在腦子裡面了，根本不可能留在教室，那麼爲什麼還要帶課本回家？會不會是因爲「大人」覺得，「課本」比「學習」本身重要？

我從小也一直有這樣的懷疑，教室裡面的「大人」——當然就是老師，究竟覺得學生安靜守秩序比較重要，還是學習比較重要？

肯・羅賓森在《讓孩子飛：別讓僵化體制扼殺孩子的未來》這本書裡面，提到一件我沒有想過的事：「童年」是相當新穎的概念，這個概念直到十九世紀末，才在歐洲與美國成形。在那之前，小孩被當成小大人，必須擔負生活與工作的責任，一旦長大到有足夠的體力，就得做大人的工作。

他說聯合利華（Unilever）曾配合奧妙（Omo）洗衣粉系列推出「髒汙是好的」（Dirt is Good）的行銷活動，目的是鼓勵父母拋開顧慮，讓孩子在戶外盡情玩耍，體驗眞實世界。但是負責這個計畫的「全球創新中心」團隊對全世界一萬兩千名家長進行調查後，發現現在的孩子在戶外玩耍的時間，每天平均不到一小時。然而根據國際法，即使是安全級別最高的重刑犯監獄，每天必須讓犯人到外頭放風兩小時。也就是說，如今的孩子，在戶外的時間仍不及重刑犯的一半。

這是爲什麼肯・羅賓森要強調八種能力，認爲孩子應該學習如何做一個有能力的人，包括好奇心、創造力、評判力、溝通力、合作力、同情力、公民力。還有一個非常重要，但時常被忽略的，那就是「平靜安適」的能力。

對我來說，讓孩子從童年就養成這些能力，正是希望他們**學會思辨**的目的。至於課本要不要帶回家，眞的不重要，也不用問大人。如果你發現你的孩子，認爲「課本要不要帶回家」是一個值得知道、而且應該要問大人的問題，意味著這個孩子應該已經在僵化體制中中毒太深，受到了很大的束縛。身爲大人的我們此時唯一恰當的反應，並不是誇獎這個孩子「很乖」，而是認眞反省，我們究竟犯了什麼可怕的錯誤，會讓孩子在這個一百年多前才好不容易發明出來的「童年」中，變得如此怕髒、怕犯錯、怕思考、怕自己做決定？

很有可能，我們自己也在這個枷鎖裡面。

我們自己也怕髒、怕犯錯、怕思考、怕自己做決定。

至於要如何解除這個世世代代以來，禁錮我們自由思想的魔咒？如果你眞的想不出來的話，那就用開鎖咒「阿咯哈姆啦」（Alohomora）試試看好了，既然可以解開「麻瓜」的鎖，說不定也可以解開不常用的頭腦。

大人也要一點一點變厲害才行

我在這裡，想要分享一個家長，在跟隨柏尼菲博士學習哲學諮商之後，觀察到因爲思考，帶來他與子女之間互動方式的改變。

這位家長是這麼說的：

當我第一次遇到奧斯卡時，我爲了生活上的一些事已經煩躁了好一陣子，爲了強健自己的心志不受干擾，繼續平穩地過日子，原本就很懂得知足惜福感恩的我，更像是強迫洗腦般的不斷告訴自己：「我是一個知足快樂的人，我就是一個知足快樂的人。」直到和奧斯卡進行一次哲學諮商之後，我才知道，原來我以爲的那個知足快樂，根本不是我眞心認同也願意接受的那個知足快樂，在伴隨著驚訝與喜悅的淚水中，我的人生彷彿重新被啓動了一個按鈕，渴望著改變和如何學習思考。

柏尼菲博士犀利的提問方式，總是讓有困惑的更加困惑，不困惑的也開始疑惑，愛上他的人想緊緊追隨，恨他的人立馬轉身離開。

在學校念的是理工，從小毫無野心，生活跟哲學八竿子打不著的我，開始跟柏尼菲博士上課。除了希望自己可以從胡思亂想「想很多」變成「很會想」之外，也是爲了孩子。

隨著孩子的成長，越覺得自己對教養有很深的無力感。哄騙敷衍或威權已經不足以應付他們日常提出的各種稀奇古怪的問題，加上現今台灣的學校教育還固守著幾十年不變的模式，讓人無法指望，面對這種現況，除了感慨似乎也別無他法。直到奧斯卡出現，我很清楚地知道，學校如果教不了孩子獨立思考判斷的能力，家長必須自己來。

課程結束後，有一回正在念七年級的大兒子跟我說，他班上有位同學很成熟，還沒上課前聽兒子這麼告訴我，我肯定會直覺地說出：「很好啊！你要多跟成熟懂事的同學交朋友！」這種沒經過大腦的話。但是，學習邏輯思考後，我發現我們的對話變得不一樣了。

我：「他做了什麼事讓你覺得他很成熟？」

兒子：「那個某某某都會看很多A書和A片，他常常在班上跟我們說他又看了什麼什麼書和什麼什麼的影片。」

我（很冷靜沒抓狂）：「所以，你覺得會看A書和A片是一種成熟的行為嗎？」

兒子：「……」（思考中，頗有認同的表情，只差沒點頭。）

我：「你認為想學當一個成熟的人是看很多A書或是A片嗎？」

兒子：「……」（再度陷入思考中，略有認同的表情。）

我：「如果爸爸在外面一天到晚跟人家聊A片和A書，你會認為爸爸是一個成熟的人嗎？」

兒子：「怎麼可能？當然不是啊！」

我：「如果你想當一個成熟的人，看A片和A書就可以讓你變成熟嗎？」

兒子：「當然不會啊！」

我：「那你還會認爲某某某很成熟嗎？」

兒子：「哦！你去上哲學課以後變厲害了耶，幾句話就把我問倒了。」

是的，雖然我的腦子還是常常卡住，在課堂上也總是不知所云答非所問，好幾次被打趴後都想著乾脆就趴著不要再爬起來了，甚至認爲挖洞把自己埋了都比上課被點到名好，但是，挺過一輪又一輪後，我確實覺得自己慢慢地、一點一點地變「厲害」了。

我完全可以想像還沒跟著奧斯卡學思考之前，聽到一個剛滿十三歲的孩子說A片A書是成熟的表現，會引發多火爆的親子衝突。但這次我卻在沒有受任何情緒的影響下，一句責難也沒有，不著痕跡地讓孩子自己想清楚成熟與色情的關係。所以，學會哲學諮商，學會思考，受益最大的不僅僅是自己本身，也是我的孩子們。

走進哲學思辨的世界，就像走進思考的奇幻世界，詭異、困惑又令人驚嘆。我常用小說《魔戒》裡的巫師甘道夫從灰袍進階到白袍的故事勉勵自己，雖然不須經歷水深火熱的考驗，但是在奧斯卡哲學踐行課程這個長滿甜美多汁的果園裡，要有被蟲叮咬被樹枝戳傷的準備。隨著肩頭上的水果籃越來越滿，我也很明白，這摘下來的水果誰也拿不走了。

你喜歡自己的答案嗎？

「身爲孩子，如果意識到自己不用事事問大人，因爲大人也不見得比較懂，那要怎麼樣知道自己的想法是『對』的呢？」有一次，一位高中生問我。

我是這麼回答的：「**爲什麼需要是『對』的？**喜歡理性思考的自己、喜歡自己理性的想法，難道還不夠好嗎？」

我看到高中生似懂非懂的表情，嘆了一口氣說：

「試著問我一個現在困擾著你的問題吧！」

高中生得到了許可，開心地說：

「在你寫的《比打工度假更重要的11件事》這本書裡，你提到有兩個朋友出國，其中一個毅然決然把積蓄都拿去舊金山留學，結果因爲沒有想清楚一些事，比如爲什麼出國、錢的來源、出國後的打算……結果出國並沒有爲他人生加分。我想知道的是，爲什麼想好那些問題後，出國就會讓人生加值呢？破釜沉舟的決心爲什麼不是關鍵？」

「如果這是你非常想要知道答案的問題，那麼你可以採用理性的方式，試著幫助你自己回答問題。」我回答，「讓我告訴你一個祕密：你自己是可以思考出屬於自己的答案的！要對自己有信心。」

受到這樣的鼓勵後，高中生說：

「我認爲是因爲想清楚了那些問題後，可以避免隨波逐流，眞正了解自己想要的，也考慮了現實的問題，這樣即使失敗收場，也有意想不到的驚喜。」

「你喜歡你自己想出來的答案嗎？」我問高中生。

「喜歡。」高中生露出安心的笑容。

「爲什麼喜歡？」我問。

「因爲看到自己想出的答案跟方法，覺得我眞厲害，增加不少自信。」

「你想想看，這些原本不知道答案的問題，既然自己就可以回答，爲什麼之前卻覺得要『問大人』呢？」我鼓勵高中生從自己原本的角度抽離，來想自己的行爲模式，是心理諮商中較不尋常的「外化」（externalization）技術。

高中生想了以後，給了我三個原因：

1．以前我以爲查資料、問問題，就是負責任的大人，但是我現在才發現，眞正的大人會靠自己想辦法解決問題，而不是一直問別人。

2．我現在才意識到，我問的問題，背後是沒有標準答案的，不像考試有**a**、**b**、**c**、

d選項。我太習慣有疑問就去問老師、同學了，反而沒有試著想我自己的答案，總覺得別人的答案比我好，卻沒了解自己的答案才適合自己，也才是唯一重要的答案。

3．眞正的思考是要反覆琢磨，並且化成行動、付諸執行的。

「這三個都是很棒的答案啊！」我發自內心地讚美著。

「那我可以聽聽你的答案嗎？」高中生說。

至於我回答的是什麼，其實已經不重要了，不是嗎？

自從我學習哲學諮商之後，我觀察到，如果會理性思考，同一套方式，可以同時幫助我以一個哲學諮商師的身分，面對家長、青少年、兒童。因爲經過思考說出來的話，符合以下四個哲學思考的重要條件。

第一：會思考的人，知道自己說話的目的

說話當然是有目的的，但我們眞的知道自己接下來要說的這句話，目的是什麼嗎？

我的哲學老師奧斯卡時常在察覺舉手想發言的學生，頭腦其實有點混亂的時候，嚴格要求學生發言前先回答這個問題：

「你先說你接下來要說的話，是提問、發表意見、反駁，還是其他？」

「我接下來是要問一個問題。」

「好，你問。」奧斯卡老師會說。

「剛才老師說課程結束後，課本不用帶回家，可是以後不是還有可能會用到嗎？」

這時候，奧斯卡老師就會反問這位學生：

「你認爲剛才你說的，是提問，還是反駁？」

學生仔細想一下，才會發現，這個以爲自己在提問的動作，其實是在反駁。但是如果沒有這麼刻意地被提出來，在日常對話中，常常就會不知不覺隱藏自己的意圖、誤導別人，這樣的溝通當然無效，但是說話者可能對自己的問題渾然不覺，以爲都是對方的問題。

所以，開口之前先想想，我現在即將要說的話，是針對我不知道的事，想從別人口中得到答案嗎？（「子女交男女朋友，應該要帶回家給父母看嗎？」）

還是我已經知道了，只是想從別人的口中得到確認？（「交男女朋友，當然要帶回家給父母鑑定一下啊！不是嗎？」）

還是我只是希望得到「慰藉」（consolation）？我其實知道，但我希望別人騙我，跟我說我想聽的話，讓我可以繼續欺騙自己？（「我兒子跟父母關係很好，如果有交男女朋友，一定會帶回家給我們看。不過，一定是女朋友，不可能是男朋友，他是我生的我怎麼會不知道！」）

如果不知道自己說話的目的，說出來的話，是不會有價值的。

第二：會思考的人，知道如何說話才能達到目的

有一種人，總是自說自話，把自己想說的話說完，覺得就達到溝通的目的，對方就應該要去「做」。

比如父母時常對孩子說話時犯這樣的錯。

「你不覺得你現在應該要去洗澡嗎？」

說完以後，認爲孩子就應該像接收到指令的Siri一樣，立刻動作。但是說話的人要知道，這句話說出來以後，至少要有以下五個階段：

1・父母完全沒有意識到他們說的話，形式是一個「提問」。既然是提問，得到的應該

是一個回答。

2．既然是「提問」，首先需要確認的是，聽到這句提問的孩子，能不能完全「聽懂」。

3．確定聽懂之後，才從孩子的回答中，知道孩子是不是「同意」。不同意的話，孩子回答「我一點也不覺得現在應該要去洗澡」，並不是存心作對，而是完全合理的回答。

4．如果「同意」的話，才會「行動」；不同意的話，不會行動也是完全合理的。

5．就算有行動，還要分「有效」跟「無效」，因爲不是所有行動都有效，這才是合理的。要求所有行動都有效，是不合理的。

這個家長眞正想說的，是「下指令」。但是因爲「假開明」，把指令包裝成提問，根本不能接受否定的答案，只接受肯定的答案。

所以知道自己在對孩子下指令的家長，就應該直接說出指令：

「我要你現在去洗澡。」

而不是問假問題，並期待對方只能說你想聽的答案，甚至不用回答，就直接去執行你想要他做的行動。

第三：會思考的人，說話時要知道自己在說什麼

父母應該比誰都清楚，當跟孩子直接說出指令：「我要你現在去洗澡」時，會直接面對反彈。

「你很專制！」孩子可能會這麼說。

「我不是專制，我是爲你好。」父母可能會這樣反駁。

你如果不會思考，就不會知道這兩句話的衝突點在哪裡。

這兩句看起來簡單的日常對話，是一個對於**「威權」**跟**「權威」**理解上的衝突。如果不解決這兩個觀念的理解問題，那麼雙方就只會爭論，讓彼此陷入情緒性的互相傷害中。

會思考的說話者，就要先想清楚，自己是否眞的知道「權威」和「威權」的不同？

「威權」是一種專制體制，像是君主政治、封建制度，就是一種威權專制。用權力去控制、威嚇人，無論在國家、在家庭，我們都會一直想要推翻。就算是一個仁慈、勤政愛民的君王、父母，仍然是專制的，因爲無論用什麼方法來支配、指揮、掌控他人，都是爲了自身的利益，鞏固自己的權威，這就叫做「威權」。

但「權威」是民主政治的一環，民主包含了「權威、隱私、責任、正義」四大項目，而「權威」就是其中一項。爲了讓社會秩序良好，大家都能受好的教育、安居樂業，是需

要有管理的。所以家庭中的父母、學校中的校長老師職員校警、社會上的警察、法官、立法院、政府的行政體系，就是社會上有權利運用權力的人，簡單來說，就是有權威的人。他們運用權力去指揮、支配、管理他人，但不是爲了自身的利益，也不是爲了奴役他人、操控他人，而是爲了整體（無論是一個家庭或是一個社會）的進步與和平。

「威權」和「權威」兩個概念的關鍵性差別，就是「爲自己」還是「爲大家」。

孩子說爸媽「專制」，就是認爲父母爲了自己在使用「威權」，像國王把人民當成私產在處置，但並沒有否認爸媽愛他。

而爸媽反駁自己在用「威權」，要孩子現在去洗澡，是爲了全家好，在行使「權威」，像交通警察在管秩序一樣。

所以到底誰才是對的呢？

父母不需要用「威權」，但是當然可以有「權威」。

如果想要表現出「權威」，而不訴諸「威權」，就得知道自己要孩子現在去洗澡，究竟是爲了自己，還是爲了全家。

如果爸媽的指令，是爲了自己的方便，就要知道其實孩子是對的。這麼做，當然就是「專制」的表現，只是自己不知道，或是不願意承認。

如果是爲了全家，那就要在下指令的同時，說出「現在不洗澡，會對全家造成什麼影響」，對方才看得出是爲了整體好而行使「權威」，不是「威權」。

第四：會思考的人，說話時能同理對方的心態

同樣是要孩子現在去洗澡，會思考的人會怎麼說？

「如果我是孩子，會希望聽到父母怎麼說？」這是父母在說話之前，應該要問自己的問題。

沒有人喜歡被「威權」對待，但是可以接受「權威」，就像大家都可以接受紅綠燈的交通號誌，但是不能接受有特權的分子，爲了自己一路順暢，而擁有一台能夠隨時改變交通號誌的遙控器。

這點無論有沒有聽過「權威」跟「威權」這兩個詞的人，也都能夠理解。爸媽只是突然心血來潮想到，就要孩子立刻去洗澡，就是在使用這台能夠隨時改變交通號誌的遙控器，孩子無論是否知道如何具體表達，都會感受到「不公平」。

所以怎麼樣才會有「公平」的感受呢？

我們如果能爲自己做決定，通常就不會有不公平的感受。比如父母改說：「你可以自己決定，但請告訴我你什麼時候要去洗澡？」

如果有交換條件，即使不對等，也會大幅減少不公平的感受。比如父母說：「如果你今天讓我幫你決定，明天你就可以自己決定。」

說話者只要願意在開口說話之前，先站在聽話者的角度，來「試聽」一次自己要說的話，就很容易可以預測對方的反應，進而調整說話的內容。

一個說話者，如果使用「哲學諮商」的技巧，知道自己說話的目的，知道如何才能達到這個目的，確知自己在說什麼，並且換位站在聽話者的立場思考，那麼往往可以在「平靜安適」的狀態下順利溝通，得到預期的反應，並且增進說話的效果。

第 8 課

會說話，不再苦惱人際關係

面對家人朋友如何教我說話

第8課 重點提示KEYWORD

如何跟最在乎的人說話

- ☐ 拋下成見
- ☐ 了解談話的目的
- ☐ 信任
- ☐ 合作
- ☐ 創造安全的空間
- ☐ 互相感染影響
- ☐ 共學
- ☐ 記錄

現在不說，以後就更難說

跟不認識的人說話很難，但跟認識的人說話，其實更難！

每當我聽老一輩的以分享人生智慧的角度說明人脈的重要性「要解決問題的話，去找認識的人比較好說話」時，都覺得他們說的只對了一半。

對於外向、喜歡社交，或是做生意的人可能如此，因爲找認識的人算互相「交關」，對我卻一點也沒有這種感覺。買個手機、辦個健身房會員卡、看個醫生，本來就是有沒有認識都差不多的事情，爲什麼要特別找認識的人呢？

作爲一個個性比較內向的人，要解決任何問題，我反而覺得不認識比較好。對我來說最單純的，是趁三更半夜時打電話給客服專員，或是聊天室的線上客服，正因爲我們完全不認識，我反而可以非常清楚，不帶情緒地陳述我的問題，往往也可以得到適當的解決，或需要的答案。

很多人覺得跟認識的人表達自己的想法比跟陌生人容易，對我來說，卻完全相反。因爲對於認識很久的家人、朋友來說，無論我們說什麼，一切似乎都已經太遲了！

他們在我身上，早就已經貼上各式各樣的奇怪標籤，並且有著根深柢固的印象——比如我就是一個喜歡吃芒果乾的人、一個高傲的人、一個學什麼語言都很快的人、一個國際志工、一個喜歡喝冷凍伏特加的人、一個終年旅行定不下來的人、嘉義人。

每想到這些，我就會嘆長長的一口氣，「做人好難！」

沒有拒絕芒果乾，不代表就喜歡

從小成長的過程中，身爲一個性格上較內向、害羞，語言表達也不喜歡誇張、激進的人，我總是覺得要面對這些標籤跟成見，要做自己、說眞話，是件難上加難的事情。對害羞的人來說，最立即簡單的方法，似乎就是逃避、不要把自己眞正的想法說出來。

但久而久之，**不說出自己想法的代價卻是最大的**。

比如說我只是因爲怕避免衝突，有一次沒有拒絕別人送我的芒果乾，而且假裝表現出很喜歡的樣子。沒想到一次、兩次之後，越來越多人，都開始以爲我眞的很喜歡芒果乾，一直收集各式各樣的芒果乾送給我。

實際上，我雖然喜歡吃芒果，但一點都不喜歡吃芒果乾。

只因爲我一開始沒敢講清楚，經年累月下來，幾乎所有的親戚朋友們，都以送我芒果乾爲樂。這點讓我非常苦惱，常常打開食物櫃，掉出幾十包已經變黑、甚至發霉的陳年芒果乾，不堪其擾。但每一包都蘊藏著某個人的美好心意，如果我現在突然說實話，如何解釋我長久以來沒有說眞話？

「喜歡吃牛肉的人，不見得喜歡吃牛肉乾啊！這很難理解嗎？」面對著廚房裡無止境增加的芒果乾，我的心裡不斷吶喊著，但這一切似乎只能怪自己。

「不過這也是甜蜜的負擔啊！」我只好想辦法用正面態度來安慰自己。

但每次只要一想到這輩子，要淹沒在芒果乾中，而且永遠不能說實話，就覺得壓力好大。我意識到一條血管，可能永遠要被我不敢說不的「正面思考」阻塞住了。

而且顯然被我阻塞的血管，還不只芒果乾這一條。

我不是嘉義人，是高雄人

每個標籤跟成見，都有一些道理，也有不同程度的錯誤，但因爲我沒有及時解釋錯誤的部分，成見就變成了別人眼中的事實。

比如我學語言當然沒有比別人快，只是針對我想學的語言，我會很努力去找到方法學習，但是學習的過程，一點也沒有比別人快。

我也不是「國際志工」，而是「在國際NGO組織上班的工作者」，可能別人覺得差不多，但其實義工跟有支薪的員工，明明是完全不同的兩回事。

我喜歡喝冷凍伏特加，只是大學時代其中一段時間，非常短暫的事，興頭過了就再也沒碰過伏特加，甚至滴酒不沾。但因爲這說法曾經放在某一本書的作者介紹裡，所以在網路上找資料的人，總會拿來當作事實說。

我喜歡旅行沒錯，但完全沒有定不下來這件事，這只是一般人對於旅行者想當然耳的隨意解釋。

嘉義人這件事更離譜，因爲以前台灣的身分證上有莫名其妙的「籍貫」欄，按照規定必須跟隨父親，印象中父親小時候住嘉義朴子，所以很久以前有一回填國家圖書資料館的作家資料時，就理所當然地把「嘉義」寫進籍貫欄，但後來隨著取消這個規定後，我也就忘記了這件事。

後來有一個版本的國小國語教科書，收錄了一篇我的文章作爲課文，我很驚訝地看到作者介紹部分，引述官方作者資料，第一句就寫著「褚士瑩，嘉義人」。

雖然我覺得怪怪的，但是因爲害羞，就沒有去向出版社要求刪除或更正，想說反正就一次也不會有人注意。

結果接二連三地，國中、小學，就連補校的各種版本課文，也都陸陸續續將我的文章收進去，而且也通通寫著「褚士瑩，嘉義人」。

「咦？你是嘉義人？」有一天我的姊姊翻著出版社寄來的教科書，突然抬起頭來問我。我因此有了令人吃驚的發現，爲什麼全家只有我一個是嘉義人！

「妳不是嗎？」我問我姊姊。

「我高雄人啊！」她幽幽地說。

「什麼！那我們其他親戚呢？」

「不知道。但大伯他們全家人，都說是台南人。」我姊姊說。

「咦？我們不是一家人嗎？」我滿腹狐疑地問。

「日治時代嘉義行政區是『台南州』，所以他們從那時候就登記是台南人了啊！」我姊姊的解釋，讓我一整個震撼。

因爲每個人的身分證，都只有記載出生地，不再有「籍貫」，所以我在台灣的家人，要不是高雄人，就是台北人，親戚是台南人，反正全家就我一個嘉義人是怎樣！（超崩潰）

而且褚士瑩是嘉義人這件事，還從此一直反覆出現在所有台灣的各版本中小學教科書上，考試時如果學生不是回答嘉義的話，還會被扣分。

然後我才意識到，無論對象是認識或不認識的人，若一開始沒把話說清楚，之後根本難以翻身！**一開始就說清楚**，實在太重要了啊！

有了這骨牌效應般的經驗，我開始擔心，如果隨著年齡，人際關係阻塞淤積的地方越來越多，哪一天來個人際關係的腦溢血、中風，恐怕都是很有可能的事。

我開始檢視自己情緒阻塞的地方，有沒有哪裡被我之前最愛的「正向思考」硬生生堵住了？現在是把那些該說卻一直沒說的話，說出來的時候了，而不是為了怕傷和氣，而隱瞞自己的情緒。

一次LINE群組的經驗

首先，我清點的是我的LINE群組。

我這麼做的原因，是因為我發現自己每天最容易動氣、負面情緒最高的時候，就是在滑各式各樣群組最新對話的時候。

就跟大多數人一樣，我的LINE群組有的是家人，有的是現在的同事，有些是學校的朋友，也有些是共同嗜好的結合。

但是我發現，有幾個群組，顯示著幾百則未讀訊息，表示已經有很長一段時間，不曾打開這幾個群組了。因為我抗拒，不想要讀到特定群組裡面，那些可能會讓我血壓飆升的轉貼文字。

其中一個最嚴重的，就是過去曾經任職的電台同事群組，那個電台是一個黨國不分的年代中的畸形時代產物，還好如今已經不存在了。但幾年前，拜科技之賜，這些過去一起工作的人，又在虛擬的網路上重逢，當時的好同事兼好朋友小草，一本熱心地為大家組成了一個群組，於是大家在樹倒猢猻散多年之後，終於又跨過國界與時間，取得了聯繫。

群組成立之後，很快地被一群當年的老長官們綁架了。這些早就已經退休的前輩，自詡是新聞人，但其實還活在封建的舊時代中，每天從早到晚轉發分享充滿仇恨、歧視的政治、反同、反日、反本土、狹隘的宗教言論，或是未經證實的假新聞。我一開始認為他們只是缺乏網路時代求證事實的習慣，所以只要看到這樣的訊息，就會貼上經過查證的資料連結，希望可以幫助這些前輩們得到眞實的資訊。結果很快地，我發現自己實在太過天眞，這些老前輩們，只想看到自己想要看到的言論，而且在僅存的同溫層取暖，一點都不在乎眞相，所以我的努力完全白費。

「看到這情形，我覺得很難過，」我跟交情甚篤的小草說，「我想在群組嚴肅地寫一篇發文，跟前輩說這樣的歧視言論，不合時代精神，也讓我個人很不舒服，說明我的失望，你覺得如何？」

沒想到平常溫柔謙和的小草，卻嚴厲地說：

「學問不是用在這上面的。」

我當時呆了，說不出話來，只好轉移話題，草草結束了我們的談話。

後來，本來是好友的我們，就不曾再聯絡了，時間就這樣過了一、兩年。

我的指尖滑過聯絡人清單，看到小草的名字，猶豫再三。

說出我的負面情緒

想了兩天，我終於決定，要抱著絕交也在所不惜的心，告訴小草我眞實的感受。

我是這麼寫的：

小草，我決定跟你說一件事。

這一、兩年我幾乎沒辦法跟你聯絡，因爲你說了一句讓我非常受傷的話。記得當時我跟你討論群組中許多大哥大姊級的歧視言論，當時你卻嚴厲地打斷我說：「學問不是用在這上面的。」不知道你還記不記得？

當時我很清楚地知道，我不能同意，因爲這麼多年的學習，我就是爲了要成爲一個可以勇敢明辨是非的人，而不是會做人的人。當時我卻因爲這話出自你的口中，所以沒有反駁，但是卻一直掛在心上。

昨天我去開會時，地點剛好在我們當時的辦公室，很意外地遇到其中一位督導，是當時電台的主管轉任的。我們說了一些舊事後，我下定決心，一定要跟你說，我不同意，也不能接受有意、或因爲無知卻不願意了解眞相的歧視。這是不對的，而你這麼告訴我，也是不對的，我對你很失望。

嗯，我終於說出來了，就這樣。

當我按下傳送鍵的時候，心跳是很快的。我很少覺得這麼緊張，因爲這封訊息的內容，對很多人來說或許沒什麼，但是我並不習慣將自己的負面情緒，不加遮掩地說出來，所以對我來說，是很大的一步。

忐忑不安了一天，我終於收到了小草的回覆：

突然看到你的訊息，震驚了一下，因爲記憶模糊，所以花了些時間思考。不過在我說清楚之前，還是先說對不起，雖然無意傷害你，但我表達的方式及內容讓你受傷，是我不對，所以鄭重認錯道歉，希望這件事能因爲你說出來，也因爲我的誠心道歉，而讓你感到釋懷。

我記得有過那樣一段對話，那天你主動提及你對群組內容的感覺，而我回應你的（雖然我無法記得一字一句確切的內容，但我大概想起那時的感覺），其實是想安撫安慰你。至於那些長輩就放過他們吧，因爲在意也無用，那是他們的自由意志，很難糾正更難以改變。而我說的「學問」那句話，回想是那時我感覺你批評那些長輩的言詞過當，以及高高在上的態度讓我難以接受，所以，我因爲對你失望而「本能」回了那句。

我的本意絕不會是要傷害你，甚至我很希望在你主動與我提起你的感覺時，我能有機會讓你知道我是支持你的，但結果看來……完全沒有。

最後我要謝謝你如此誠實地對待我們的友誼，我覺得很好，眞的非常好。因爲你先勇敢了，所以我也考慮把我多年來一直沒坦白的感覺，對你誠實。

很長一段時間以來，與你相處都讓我倍感壓力。你經常讓我感覺到你對我的嫌棄，甚至感覺你以欺負我爲樂，這讓我覺得很不舒服。即使如此，偶爾有機會碰面，我還是得努力像沒事般與你如常相處，但心裡的壓力只有越來越巨大。

你爲什麼對我這樣，我想不通。想過很多次，終究決定不要問，因爲自覺沒有跟你溝通的能力。後來跟你說話似乎只有一直被你打壓的分兒，於是接受了也許我們的世界已漸行漸遠的事實。

不是為自己辯護，而是改變

看到這樣的回覆，感到既欣慰，又難過，同時又感謝。欣慰的是，我把壓抑一、兩年的負面情緒說出來了，這對於從小被教導「報憂不報憂」的我來說，是很大的進步，也因此知道小草說那句話時的用意。難過的是，我證實了小草跟我，看來再也不是好朋友了。雖然一、兩年沒有聯絡，本身就是明顯的證據，但是我總認爲只要不說破，就還可以假裝我們還是好朋友，所以當事實擺在眼前的時候，難免還是挺難過的。

至於感謝的原因，是小草終於可以毫無顧忌地指出我的缺點，我從來不知道這麼多年以來，小草一直覺得我嫌棄他，欺負他，我眞的不知道，他的感受跟我的感受同樣眞實，也同樣有價値。我不需要質疑，而是要反省我的表達方式，會讓身邊的人倍感壓力，我要做的不是爲自己辯護，而是改變。

這讓我想起哲學老師奧斯卡常說的：「如果你眞的想知道自己的缺點是什麼，去問你的前任吧！他們一定會很樂意告訴你的，而且他們說的一定是眞的。」

我跟小草說的話，雖然沒有帶來什麼好的結果，讓我們恢復友誼，但是我一點也不後悔，因爲我終於**學會眞實表達自己的負面情緒**了！

如何跟最在乎的人說話

隨著年紀的成長，腳步越走越遠，我們跟親近的人說話的時間、次數也變少了。我意識到跟認識的人說話，雖然很不容易，但是我們不能只知道如何跟陌生人說話，卻不知道怎麼跟最熟悉的人對話。有一些小技巧，是對我學習這門功課上很有幫助的。

1・拋下成見

越是彼此熟悉的人，越要記得在談話中保持距離，同時抱持著好奇心，不能以爲自己已經都知道對方是怎麼想的，或認定對方是一個怎樣的人。

「你又來了……」或是「你總是這樣……」這樣的句型跟「芝麻開門」作用恰恰相反，是立刻讓對方關上心門的魔法句。

2・了解談話的目的

認清楚對話的主角是誰？當A來尋找B談話，B要記得A才是主角，談話的中心也必須停留在A身上，縱使B有再多的想法，也不能綁架整個對話進行的方式，跟對話的方向。

跟熟悉的人說話時，特別容易忘記人跟人之間的基本禮貌，突然岔題，或是沒認眞傾聽，這並不會讓對方覺得親近，只會覺得不受尊重。

3·信任：

相信對方可以自己思考，自己做出對的決定。

你最不應該做的事情，就是「告訴」。抱著指點的好意說：「我跟你說，這件事情你就應該如何如何……」就是一種不信任對方的表現。如果你眞的信任他，就應該幫助他思考，但是讓他自己做決定。

4·合作：

跟認識的親人朋友說話，是爲了能夠增加彼此的能量，而不是抵銷，扮演對方的夥伴、指引者、灌溉者，引導對方可以想得更深，表達得更清楚。

「你記不記得幾年前，你遇過一次類似的事情，那時候是怎麼解決的？」這樣的引導，是只有彼此熟悉的人，才會知道的，所以特別有價值。

我們能幫助對方勾起回憶、引發思考，但是切忌幫對方下結論。

5·創造安全的空間

因爲是認識的人，更應該可以自由地表達，但是我們卻常常在這方面犯下訴諸權威的錯誤，讓對方覺得跟你很難溝通，久而久之，就乾脆不溝通。

如何從「你是我生的，我怎麼會不知道？」變成「雖然你是我生的，但是我不一定知道」，是一門跟最親近的人說話的藝術。

6・互相感染影響

孩子是父母的翻版，我們會怎麼說話，跟父母怎麼跟我們說話，他們之間如何跟彼此說話，有非常重要的關係。

家人之間平常說話的習慣，是會傳染的，所以很多人在家說話的方式，跟在外面說話的方式，判若兩人，那就是溝通上的落差。這個落差越大，對於家庭成員彼此互動品質的影響就越大。

7・共學

對話雙方一定從彼此身上可以學習，不應該預設成單方面的傳授者、接收者的關係。長輩不需要、也不可能事事比晚輩更懂，但是很多長輩誤以爲自己要表現出什麼都知道的樣子，在這個家裡才能保持地位。所以對於最新的ＡＩ，多元社會，科技生活，有國際觀的教育、育兒，這些陌生的題材也一定要不懂裝懂，或是只要不懂的，就抱持反對、排斥的態度，來維護自己的尊嚴，這樣只會加深世代的鴻溝。

熟人對話的好處，就是可以暫時放下面子，去學習不好意思對外承認自己不了解的事物。

8・記錄

當我們意識到對方重視我們說的話，我們會更認眞面對晤談，下次的談話品質就會更好。所以每次說話後，記得用通訊軟體，把說話的重點寄給對方，或是你們共同屬於的家庭群組、親友的小圈圈分享。

這種隨手簡單的記錄方式，除了確定彼此沒有誤解，也可以取代過去的書信功能。回顧的時候，知道我們一起共同經歷了什麼，彼此的情誼，就會因此更加鞏固。

懂得跟最在乎的人說話，正是學會如何說話，給自己最棒的禮物。

第 9 課

會說話，可以解決衝突

NGO和平工作如何教我說話

第9課 重點提示KEYWORD

面對衝突的說話原則

- ★ 不要有情緒性的發言
- ★ 不要為了妥協，放棄自己的底線
- ★ 花時間想清楚，再說話
- ★ 不要為了妥協，放棄最高目標
- ★「在地化」
- ★ 合乎商業效率跟經濟原則
- ★ 讓人願意坐在談判桌上
- ★ 傾聽那些沒有說出的話

衝突的發生不會是最後一次

「社會怎麼會變這樣？」當社會發聲衝突事件時，我們常會充滿感嘆地脫口而出這句話，說不定你今天才剛說過一次。

我們在新聞上看到社會因爲選舉而撕裂，在網路上看到海龜的嘴巴被抽出塑膠袋而流下眼淚，動物保護團體爲了被獵人違法放置捕獸夾夾傷的流浪動物叫屈，未成年的少男爲了女友而殺死情敵，發生隨機殺人事件，有人因爲網路霸凌而自殺，外勞受到雇主性侵，校園槍擊事件，狠心的父母虐待幼兒致死，信任的慈善團體爆發財務不清的醜聞，幫助弱勢的社工，被服務機構強迫「回捐」薪資，自己因此變成了弱勢。

不少上了年紀的人，還會補上一句：「我們以前都不會這樣。」

但是作爲在國際ＮＧＯ組織「**衝突解決**」（conflict resolution）領域的和平工作者，我知道這一定不可能是眞的。所有人與人的衝突、人與環境的衝突，都不是第一次發生，也不會是最後一次。

比如我們在緬甸北部克欽邦內戰地區進行和平工作的團隊，幾乎每個禮拜都會面臨因爲戰爭帶來的新挑戰。我們知道，戰爭最嚴重的部分，並不是戰事本身，而是受戰爭波及的人，以及他們受到毀壞的生活。

衝突最嚴重的，往往不是衝突本身，而是衝突的後果。眞正重要的是，在面對衝突的時候，我們該說什麼、不該說什麼？

第一句話：我可以做什麼？

二〇一八年八月十三日晚上七點三十左右，位在海拔六千零五十英尺高山上的辛倫（Sin Lum kaba）村，一間二〇一五年才好不容易籌足款項建造的難民子女寄宿學校（Holy Rosary Catholic boarding house），被一把火燒掉了。

辛倫村沒有電力，通常晚上要靠小型發電機照明，這些難民學童才能讀書。但發電機在三天前壞了，一直沒有辦法修好，孩子們只好點蠟燭念書，結果蠟燭不愼在二樓起火，這棟木造建築付之一炬，裡面的財物也都搶救不及，幸運的是沒有人傷亡。

我知道這個消息的第一時間，要立刻決定的是：我應該說什麼、以及不應該說什麼。

我想說，但是不應該說的是：

「這都怪該死的戰爭！」

「是誰那麼不小心，沒有小心蠟燭？」

「爲什麼發電機壞那麼久都沒有修？」

不應該說的原因是，「追究責任」對於已經發生的事情，沒有立即的幫助。

我應該說的，其實只有一句話：

「我們可以做的是什麼？」

第二句話：這是你真正想要的嗎？

在解決問題的時候，一定會有簡單的需求，也會有困難的需求，會有緊急的需求，也會有長期的需求。

比如在面臨遊民問題時，食物跟保暖是緊急而且簡單的需求，因爲只要任何人有食物、有保暖用品，就可以立刻提供需求。雖然很重要，但是難度不高。

所謂困難的需求，是改變社會對於遊民的負面刻板印象。長期的需求，則是提供遊民長期居住的地方，以及提供穩定收入的工作。這些難度很高，需要的時間很長，但不是想做的人就能輕易做到。

NGO組織中，有人專門負責解決緊急但是簡單的需求，也有人專門負責長期但是困難的需求。

面對衝突跟意外狀況，必須清楚知道自己的角色，才知道該說什麼、不該說什麼。

在這綿綿的雨季，學生們立刻需要的是毯子、蚊帳、飲水、衣物、盥洗用具、雨傘，當地熱心的民眾立刻給予這些孩子幫助，解決了當務之急。

救災雖然緊急，但是不困難，眞正難的，是接下來的重建。

救災型的NGO組織工作者都知道，要讓人生存下去雖然緊急，但不能因爲緊急，而犧牲了長期的發展計畫，這比較困難的長期工作，就是我們身爲和平工作者應該做的。

我常常問自己，我甚至不知道自己今天晚上想吃什麼、要怎麼決定，憑什麼決定別人的長期計畫是什麼？

這個寄宿學校裡的孩子，都是自願返鄉的難民子女，跟隨父母回到這個已經因爲戰爭而荒廢了五年的故鄉，也是整個山區裡唯一可以得到政府正式教育的地方。目前每年有二十幾個學生長期住在這裡，念到八年級，在這之後，如果還想繼續接受教育，就得下山往城市去——如果幸運地沒有土石流阻擋住下山的交通的話。

所以下一步，我該說什麼？不應該說什麼？

我想說，但是不應該說的是：

「老家環境這麼惡劣，還不如乾脆回去難民營。」

「我們應該趕快蓋一個臨時建築，至少讓學校可以盡快重新開張。」

「我們應該蓋永久性的鋼筋水泥建築，這樣就不會發生火災了。」

不應該說的原因是，我沒有權利幫別人決定他們的生活。一個外人「告訴」別人應該怎麼生活，是一種隱性的暴力。

我應該說的，其實只有一句話：

「難民眞正想要什麼？」

第三句話：請放心交給我

這是一個內戰過後開始重建的社區，這片山區，大概只有百分之十的居民選擇回故鄉，另外百分之九十的絕大多數選擇留在金薩拉（Kinsara）難民營生活。這個難民營裡的學校，目前有一百八十四個從幼兒園到十年級的孩子。這些回鄉的難民子女，人數較少，去年二十六個，今年二十二個。如果戰事停止，老家有像樣的寄宿學校，慢慢就會有更多難民願意回鄉。有了安置子女的寄宿學校，父母就可以安心地去重建老家，以及找回營生的方法，開始重新恢復和平生活的第一步。

如果你是被戰爭迫離家鄉五年的難民，戰事還沒有停歇，你會選擇冒險回家，還是會把未來寄望在未知的難民營？

這是多麼困難而不公平的選擇，但是難民們遲早都得做決定，卡住的人生才能繼續下去。

作為和平工作者，我們眼前也出現三個困難的選擇，前兩個是將重建資源放在重建的辛倫村，後一個是將資源放在金薩拉難民營。

第一個選擇是很快籌足一筆比較小的款項（一萬美金左右），建造另一間跟原本一樣的竹子加木頭的兩層建築，將就使用。這個選擇可以盡快啓動，在最短的時間內滿足寄宿學校的基本需要，缺點是仍然隨時有再次失火的危險。

第二個選擇，是去籌一筆較大的款項，在辛倫村造一間堅固的鋼筋水泥房（長六十英呎、寬四十英呎），比第一種方式的價格整整貴上一倍（兩萬美金左右），但好處是可以吸引更多難民返鄉重建；壞處是沒有人能夠保證，花了這麼多錢後，戰事不會再次爆發，一切努力付諸流水。

第三個選擇，則是改建金薩拉難民營裡搖搖欲墜的學校，讓將近兩百位的學生受益，不再需要晚上爬到危險的竹子屋頂上，就著月光看書。這是效益最高、最多學童能得到幫助的方法，但也會讓難民回家的路更加漫長。

如果你是和平工作者，會選擇哪一個？

別忘記謙卑和悲憫

我們在內部討論時曾沉重地說，回鄉重建或是待在難民營的選擇，就好像醫生問病患：

「你想要我鋸斷你的左手，還是右手？」

表面上好像病患有選擇的自由，但其實是不公平的。

強迫難民在兩害之中取其輕，眞的是和平工作者應該做的事嗎？這就好像爲了保護野生犀牛的生命，今年開始南非伊麗莎白港的克拉嘉卡瑪野生動物公園（Kragga Kamma Game Park）乾脆搶先鋸下犀牛的角，讓獵犀牛的非法獵人，沒有理由殺害犀牛；另外，南非的國家保護機構 Ezemvelo 中心，則是在犀角根部下毒，毒素將擴散到整隻犀角的角蛋白之中，使其對人產生「劇烈毒性」。同時注入一種亮粉色顏料（類似於銀行使用的防搶劫顏料）。

如果你是犀牛，讓你在這兩種激進的保育手段中選擇一種：

「爲了能活下去，你要我砍斷你生命尊嚴的象徵，還是要在你身上下毒？」

難道你不覺得超衰的嗎？因爲造成問題的，根本不是犀牛，而是非法獵人跟買犀牛角的怪人啊！爲什麼不去解決眞正的問題呢？

難民就跟無辜的犀牛一樣，爲什麼和平工作者不去解決造成戰爭的問題，卻來爲難民做選擇，並且讓難民自己去承擔戰爭和我們爲他們做選擇，所帶來的雙重風險跟後果呢？

但是現實如此殘酷，南非這兩種做法都是「犀牛援助項目」裡爲了保護犀牛生命而產生的眞實項目。我們在做的，也是內戰區裡，爲了保護難民生命而產生的具體「和平重建方案」。

身爲專業工作者，雖然別人的不幸不是我們造成的，我們卻必須**爲他們脆弱的人生做選擇。在這選擇的過程中，我總是再三提醒自己，千萬不能傲慢，別忘記謙卑和悲憫**。因爲我們給予不幸的人的選項，在服務對象的耳中，聽到的很可能是「你想要我鋸斷你的左手，還是右手？」如此殘酷的選擇。

火災三天後，難民們終究做出了選擇。

「我們想要蓋一棟永久性的鋼筋水泥建築，這樣就不怕火災了。」

想說而不應該說的是……

無論我喜歡或不喜歡，我唯一應該做的，就是尊重、接受，並且盡全力支持這些戰爭難民的決定。

他們選擇了最貴的方式，在緬甸山上蓋一座鋼筋水泥的校舍，這也顯示了難民想要留在家鄉的決心。雖然需要兩萬美金，但他們想要立刻開始動工。

我想說，但是不應該說的是：

「這太貴了。」

「你們自己蓋的是竹子編成的草屋，爲什麼學校卻要這麼豪華？」

「你們去哪裡找來的建築師？這張設計圖根本是笑話！」

我應該說的，其實只有一句話：

「好。請放心，我們會想辦法。」

兩萬美金，說多不多，說少不少。我必須開始行動，爲這個計畫募款，不需要提出問題，討價還價，也不用提供建議。無論這是不是一個最正確的決定，最終都是這群戰爭難民必須爲自己的決定負責。他們是獨立的生命，有自己的想法，我不可以只是因爲手中握著錢，就認爲我可以有干預的權利。

很多父母，就犯了同樣的錯誤。

我可以做的，是爲了讓募款的時間壓力小一些，找到一家在地的建築公司，願意先提供建材，讓我們可以開始重建。欠的帳有錢了慢慢還，不用算利息。載運建材的卡車，也提供我們無償使用，只要付油錢，然後司機的薪水不能拖欠。

戰後重建很困難，需要做的很多，能做的很少，能做又眞正做對的，更是少之又少。在這努力嘗試的過程中，雖然充滿悲傷與失望，卻也看到黑暗隧道盡頭若隱若現的光明，無論多麼幽暗，都支持著我們繼續往前走下去。

這是對的事。

衝突一定不好嗎？

與其說社會之所以會有衝突，是因爲社會有問題，還不如說，我們根本不知道怎麼想社會的問題！

任何時代，任何地方，都會有人抱怨這個社會很亂，人心不古，道德淪喪，或是世界很瘋狂，充滿了衝突、戰爭。但我們不妨試著從另外一個可能相當極端的角度，來試著想想，社會上不時發生的衝撞，說不定就像地震一樣，可以是好事。

台灣在地震帶上，每次只要發生有感地震，就會引發民眾憂慮，因爲地震深度淺，感覺就會震很大，覺得恐怖。但是地震專家總會一次又一次地強調，台灣大多數地震原本就屬淺層地震，甚至極淺層地震，能量一點一點釋放是好事，民眾不須太恐慌，都沒有地震才需要擔心。

衝突的本質，就像地震。

我在針對緬甸境內、境外難民營裡的孩子，或是受到戰火波及而被迫離開家園的流離失所者，設計哲學思考課的時候，都會問他們這幾個問題：

「你們覺得戰爭好，還是不好？」

所有的小朋友都說，戰爭不好。

「戰爭不好，但戰爭的本質是衝突，衝突也一定不好嗎？」我會接著問。

所有人又都舉手了，說衝突不好。

認識衝突本質

在政治正確的大環境下，我們都不使用「戰場」（war zone）這個詞，而使用較為中性的「衝突地區」（conflict area）來形容戰區，其實兩者是同一回事，所以在戰爭洗禮下長大的孩子，對於「衝突」的印象，就等於「戰爭」。

「但你們在家裡，會不會也有『衝突』呢？」我問第三個問題，「像爸爸、媽媽之間的想法不一樣，或是你跟爸爸、媽媽的意見不一樣的時候，是否也有衝突呢？」

孩子們大多都能夠同意這樣的連結，因為無論是不是在戰爭中長大的孩子，沒有任何一個家庭裡，是沒有衝突的。

「就算家裡沒有衝突，是不是來學校，有時候跟同學之間也會有衝突呢？」幫助極度討厭戰爭的孩子，認識衝突的本質，對他們認識這個未來他們必須面對的社會，以及就算沒有戰爭，也會充滿衝突的世界，是非常重要的。不然他們會對世界極度失望，甚至因此被激化，變成不滿社會現狀的激進分子，走入激進組織，投入到更激烈的戰場上。

我們都知道，隨時有一點點衝突的家庭，就會拜衝突之賜，持續地溝通，慢慢地變成一個知道該怎麼彼此溝通的家庭。

一個隨時有一點點衝突的社會，會強迫立場不同的族群對話，無論是宗教、性別、世代，還是不同的利益團體，變成一個學會如何對話的多元社會。

就像很多很多小小的淺層地震一樣，如果我們能夠信任這些輕微的小地震，不覺得恐懼，相信輕微的地震不但不會傷害我們，反而可以一點一點地釋放地殼的壓力，避免巨大的地震產生，那麼地震當然可以是好事。

就像衝突在家庭、在社會都可以是好事一樣，哪一個家庭不是戰場？哪一個社會沒有衝突？但是這些小小的衝突跟爭端，就能夠一點一點地釋放社會的壓力，避免未來更巨大的戰爭發生。

「所以，認爲衝突可以是好事的請舉手。」我問了第四個問題，看到許多小手慢慢地舉起，原本緊繃的臉上綻放出放鬆的笑容，我知道我做了該做的事。

面對衝突的說話原則

我記得非常清楚，當川普確認當選美國總統的時候，我身邊支持民主黨的人們紛紛用不可思議的口氣說：

「美國怎麼會變成這樣？」

但年紀比我們大上好一截的老朋友，也是波士頓大學的教授賴瑞，則雲淡風輕地提醒：

「美國當然沒有變。選舉前跟選舉後，美國境內都是同樣這些人組成的，你怎麼會說美國變了呢？」

這個說法，對我來說有如當頭棒喝。

任何社會，當然都有社會的問題。但覺得世界突然從好變得不好，人心不古，世風日下，卻一定不可能是眞的。以前的社會眞的不曾發生虐童案，還是因爲以前的你太無知，所以渾然不覺？支持脫歐的老一輩英國人，一心想著回到過去的英國，白人每天送報紙送牛奶到家門口的美好時光。但是把外國人通通趕走，孤立於國際社會的英國，就會變成一個人間天堂嗎？

美國社會，有美國社會的衝突。英國社會，有英國社會的衝突。台灣社會，當然也有台灣社會的衝突。地球上每一個社會單元，都有或大或小不同的社會衝突。但是各式各樣的小衝突不見得不好，持續不斷的小衝突，幫助我們的良知意識隨時保持警醒。無論衝突的來源是暴力、戰爭、捕獸夾、海洋垃圾、勞資衝突、種族歧視，還是選校長，這些各式各樣的小衝突可以幫社會「擋災」。因爲這些微小衝撞帶來對社會正義的重視跟全球倫理的修正，正是人類避免整體走入巨大錯誤的重要工具。

這個社會，眞的沒有變不好，是你變了；你變得更有社會意識，重視正義，甚至願意挺身而出，走入衝突之中，而這就是社會正在變好的證據。

身爲一個和平工作者，面對各式各樣的衝突跟意外狀況，這時候該說什麼、不該說什麼、怎麼說，就成爲非常重要的能力。口若懸河的人，在談判桌上，通常說得越多，剩下的信任籌碼就越少。

解決衝突的祕訣，除了「**尊重**、**傾聽**、**接受**、**支持**」之外，沒有別的。

抱持這四個原則，只說該說的，不該說的不要逞口舌之快，是有效解決衝突的重點。

爲了達到這個目標，我提醒自己以下這幾個面對衝突時的說話原則。

一堂最珍貴的說話課

代價。

不要有情緒性的發言：管住自己的嘴巴。逞一時的口舌之快，只會在事後付出更大的代價。

不要為了妥協，放棄自己的底線：不能爲了避免衝突，接受情緒勒索，不然同樣的情形，只會一再發生，陷入惡性循環，直到大爆發爲止。

花時間想清楚，再說話：有些人習慣邊說邊想，這在面對衝突時，是個壞習慣，因爲你永遠不知道順口說出不周全的想法，會造成什麼嚴重的後果。

不要為了妥協，放棄最高目標：不能爲了消弭衝突，降低標準。比如說停戰協議，不能妥協變成「單日打、雙日不打」，因爲這只是拖延問題，並沒有眞正解決問題的本質。

「在地化」：衝突往往有非常個人、非常在地的背景，就像每一對夫妻，都覺得他們的情形，跟所有夫妻吵架是不一樣的。無論這是否屬實，解決衝突時，都必須尊重當事人的這種（即使錯誤的）認知。

合乎商業效率跟經濟原則：談判的條件必須要合乎常識，而且像買賣這樣的商業活動那樣，有人想買、有人想賣，才有可能完成交易。不可以像劣質的業務那樣，用話術推銷不好的商品，若事後發現自己買的不是原本想要的商品，只會讓新一波的衝突更加激烈、難以解決。

讓人願意坐在談判桌上：解決衝突的專家，可以用語言創造出一個安全、信任的環境，讓人想要開口表達。

傾聽那些沒有說出的話：衝突當中，那些沒有說出來的言下之意，弦外之音，往往比說出來的話更加重要，仔細聆聽，就會有助於認識和釐清衝突的本質。

在工作上面對衝突，學習解決衝突，幫助我在日常生活中面對衝突時，學會該說什麼，不該說什麼，可以說是一堂珍貴的說話課。

第 10 課

會說話，讓我們看懂這個世界

跨文化職場如何教我說話

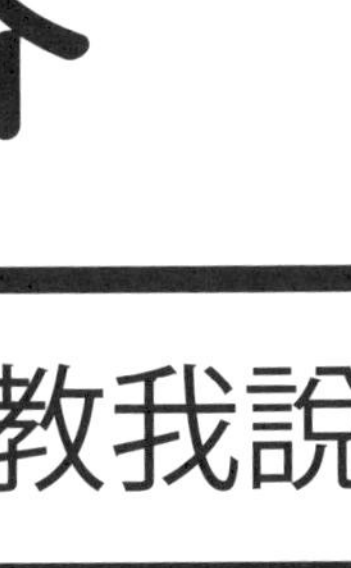

第10課 重點提示KEYWORD

褚士瑩心目中的國際觀

具備透過每一種不同的語言邏輯，
從別人的角度來看世界的能力。
一個沒有出過國的人，
當然可以是一個有國際觀的人；
一個全世界走透透的人，
也可能是個完全沒有國際觀的人。

和不同國家的人怎麼說話

我知道這樣聽起來很怪，但是我眞的很喜歡工作。

工作一點都不無聊，因爲我總是去不同的地方，做不同的事情，學習跟不同的人共事。有愉快的時候，也有不愉快的時候；有學習，有忍受，有衝突，也有後悔。但無論如何，沒有兩天是一樣的。

我工作過的國家，如果不算短期的計畫，除了台灣和美國，還有法國、英國、荷蘭、泰國和緬甸。

工作的地點，除了城市的辦公室，也在錄音室、攝影棚、原住民部落、小島、學校、熱帶叢林，甚至是船上。

遇過的直屬上司有法國人，也有日本人；遇過中國人，也有菲律賓人、英國人。而他們的身分，從職業軍人到電影導演，標準的ＭＢＡ企業戰士到鋼琴家，電腦工程師到出家的僧侶都有。

我們有愉快的共事時刻，也有許多溝通困難。造成溝通困難的原因，有時候是個人差異，有時候則是文化差異。

但無論如何，這些經驗都變成我理解世界的養分，逐漸教會我在面對世界上各式各樣的人時，應該怎麼說話。

外語能力不等於國際觀

因爲我一直在全世界工作，也因此不時有人問我：「**什麼是國際觀？**」對我來說，國際觀不應該只是外語能力很強、去過很多地方旅行，就叫做有國際觀；也不是關心敘利亞難民，或是去泰北邊境當志工獲得很多服務學習時數，就叫做有國際觀。

我心目中的國際觀，是具備透過每一種不同的語言邏輯，從別人的角度來看世界的能力。

所以即使從來沒有出過國門的人，當然也可以是一個有國際觀的人。而相反地，一個全世界走透透的人，也可能是個完全沒有國際觀的人。

舉例來說，學習法語的時候，我們覺得自己在學習什麼？很多人覺得法語「文法很複雜」，或許他只是在學語言。

但是，每一種語言，呈現的都是使用這個語言的人，他們內建的世界觀。比如法語文法之所以被認爲很複雜，很重要的原因之一是法文裡同一個句子當中出現的每一個字，都必須彼此同意協調。

比如當名詞是單數時，同一個句子裡的動詞跟形容詞也必須是單數。如果名詞是陰性，那麼形容詞也必須是陰性，這種整體必須和諧的語言，無疑影響了說法語者看世界的方式。

我因此能夠理解，爲什麼我的法國同事，沒有辦法接受每個人只做自己分內的事，不要管別人的事，而必須先對整體有全面的了解之後，再衡量自己在這個整體裡，需要扮演的適當角色。就像一個形容詞，是單數還是複數，是陰性還是陽性，不是自己可以決定的事，否則這個句子就會變得一團混亂。

對法國人來說，當一個句子一團混亂，就代表這個世界一團混亂。

相對來說，馬來語和印尼語中，名詞動詞在句子裡不需要按照一定的順序，可以任意將單字排列組合，也不會改變意義；沒有定冠詞或不定冠詞之分，單數複數都是同一個字，動詞也沒有過去式、現在式、未來式的區別。因此使用這個語言的人，在社會上自然不會去刻意區分人我，也不認爲對事物做精細的區別是必要的。但如果一個法國人把這樣的世界觀理解成「頭腦單純」「不知遠近親疏、輕重緩急」，那麼就是一種傲慢與偏見。

換句話說，「缺乏世界觀」。

我們試圖了解一個外國語言，或是自己母語的語言結構，不是爲了要用外語介紹台灣的珍珠奶茶跟臭豆腐，或是把自己覺得無敵讚的想法翻譯成印尼文，而是爲了要知道怎麼從對方的角度來解讀世界。

我們使用的語言，決定我們如何看待世界。

學習外語對於建立世界觀重要嗎？當然很重要，但是原因可能跟你想的完全不一樣。

在國際化的職場中，怎麼說話最恰當？

在跨文化的職場中，我個人在說話上，謹守「八不」原則。

原則一：不說負面言論

有一些特定的文化背景，認爲彼此抱怨，是一種信任與親密的表現，這表示我們已經有一定的熟悉程度，到了可以說「眞話」的程度。

比如一個典型的法國人，會認爲總是強調「正面」「快樂」是膚淺的，能夠看到事情背後問題的人，才是有深度的人，這是一種哲學家的思維。

至於一個典型的俄國人，也認爲快樂是膚淺的，但是理由不同，因爲受苦才是眞實的，對最愛的人，揭露自己最不堪、最陰暗的角落，是愛的表現。

而一個典型的英國人，總是悲觀的，如果現在極度快樂，就表示巨大的痛苦正在轉角處等候著，所以抱怨越多的工作，其實就是越喜歡的工作。

換作一個典型的菲律賓人，無論何時，總是看到別人比自己更好、更有才能、更幸運，因而被妒忌的火焰痛苦地灼燒著，忍不住要說人是非。

但一個英國人的負面言論，跟一個中國人的負面言論，不能當作同一回事。因爲英國人只抱怨自己眞正喜歡的人事物，對於打從心底討厭的，根本就連提也不提。如果一個中國人，不了解英國人負面言論的邏輯，以爲這個英國人討厭某個同事，打蛇隨棍上，跟著說出關於這位同事的惡毒評論，英國人會覺得非常震驚，並且從此跟你保持距離，因爲你竟然說了他非常喜歡的人的壞話！

如果跟不熟的俄國人拚命抱怨、揭露各種黑暗面，對方可能以爲你想拉近距離，甚至是對他有意思，而覺得坐立難安。

沒有人在國際化的環境下，可以完全掌握每一個個人、每一個文化。**對於抱怨的邏輯，最好的辦法，就是只說好話，不說話也可以，但是不需要說負面言論。**

原則二：不談金錢

華人對於一個人的價值認定，往往跟錢有關，所以每樣東西都可以標出價格。同一樣東西花了多少錢？買貴的話代表你闊綽大器，買便宜的話代表你懂得精打細算。

每個月掙多少錢？很多的話代表你能力高，很少的話代表你淡泊名利。房子多少錢買的？很多的話代表你富裕，很少的話代表你眼光準、運氣好。總之，各式各樣的價格，就像一把認識世界的尺度。

但是把這種談錢的習慣，拿到國際上，卻有很大的風險。

在東南亞，無論是印尼人、菲律賓人還是泰國人，只有大錢需要考慮，但小錢實在是沒什麼好說的。就算對窮人來說也是如此，不過是吃一頓飯、喝一杯咖啡、買一包口香糖，只要能負擔得起，完全不需要問多少錢，也不會討價還價。所以聽到比他們有錢的台灣人，非常認真討論同樣牌子的牛奶，這個禮拜在哪一家超商買，跟另一家相比每一瓶差了兩塊錢，買貴的人還會森77，會覺得可笑而不可思議。但台灣人在意的，其實也不是那兩塊錢，而是揭露一顆深怕被占便宜、一旦被占便宜就會超級不爽的心。

換作荷蘭人，可能覺得台灣人這樣的討論一點都不荒謬，而是一種追求公平跟價值的表現。但也因爲如此，荷蘭人在歐洲普遍被認爲是「怪人」，各付各的叫做「Go Dutch」。荷蘭人爸爸跟兒子即使一起合點一杯啤酒，也會各付半杯的錢，這點亞洲人還眞做不到。

在國際化的職場，我們不知道對方是不是跟我們一樣，以各式各樣的價格來當作認識一個人的基準。所以**除非對方開口，否則不主動談錢，是最安全的說話方式**。

原則三：不談個資、別用手指人

「哇！你老婆比你高這麼多，這樣走在路上不會覺得很奇怪嗎？爲什麼不找一個身高跟你差不多的？」

我曾經親眼看到一個中國人，在一個社交場合，笑哈哈地對一個剛認識的小個子英國人說，同時用手指著站在英國人身旁的妻子，彷彿她是塑膠。

當場氣氛瞬間降到冰點。

「我從來沒有想過這個問題。」英國人冷冷地回答。「我個子比大多數人矮，另一半比我高的機率非常高，如此而已。」

接著就跟高他至少三十公分的妻子，手牽手離開這個中國人站的地方。臨走前，還回頭對他說：

「還有，以後請不要用手指人。超沒禮貌的。」

這個中國人當場尷尬地愣在那邊，完全不知道自己做錯了什麼。

中國人可能以爲這個英國人被戳到痛處，惱羞成怒，或個性特別「難聊」。但實情是，他沒意識到出了華人圈，不只不該談錢，對於別人幾歲，結婚了沒有，有幾個小孩，住在哪裡，身高體重，這些屬於「私事」領域的話題，不是至親好友，都沒資格提。

不只在華人圈，許多亞洲人，從菲律賓到泰國，成長過程中全家大小每天睡在一起，出外的公共廁所沒有隔間，從來不覺得隱私權、「個資」重要，一旦離開自己的生活圈，卻可能犯了別人的大忌，動輒得咎而渾然不知。

我們覺得「只是隨便聊聊」，加上欠考慮的肢體語言，可能讓我們變成在國際場合一開口就得罪人。所以最好的方法，就是**不主動提起**。

原則四：不能只說問題，沒說解方

華人說話時常犯的一個毛病，就是「只想抱怨一下」，無論抱怨的是公婆、小孩、政府、工作，還是全球氣候變遷。

我們只是想要發洩一下，說完就算了，並沒有打算要怎樣。

但這在國際上，對於大多數人來說，卻是很奇怪的。

「如果這段婚姻你覺得那麼難忍，爲什麼不乾脆離婚算了？」一個聽完你抱怨的法國人，可能會聳聳肩這樣建議。

「啊！太過分！你怎麼可以這樣講？我還是很愛他的，只是發洩一下而已，講完就好了。」我們可能還會因此責怪對方無情。

事實是，在一般的國際環境下，如果你只是想發牢騷，當然也是可以的，但必須一開始就講清楚說話的目的：

“I just want to get this off my chest.”（我只是想抱怨一下，說完就舒服了，你不用當眞。）

這時，**對方有權答應，也有權拒絕當你的垃圾桶**。

只有在對方答應時，才可以這麼做，因爲把別人當你的垃圾桶，傾倒各種不愉快給他，沒有一定交情，是不配這麼做的。

在工作上也是一樣，如果點出問題所在，同時也要確定自己接著會提供解決建議。如果只是指出問題，卻不能提出解決方式來承接的話，就等於只是在說廢話，會被認爲在浪費大家的時間跟精力。

「可是我就是沒有解決的辦法，所以才提出來啊！不行嗎？」不行，就是我給你的答案。無論你服不服氣。

原則五：不談「個人感受」

在面對不同文化背景的聽眾時，要特別注意自己說的只是「個人感受」，還是「客觀分析」。如果只是個人感受式的言論，只是為了宣洩，對事情無益，請不要浪費別人的寶貴時間去聽你的感受。

「難道我的感受不重要嗎？」有些人可能會覺得我這麼說太過嚴苛。

你的感受當然重要，但請把寶貴的個人感受留給自己，記在日記裡，寫成詩，譜成曲，或是去找你的心理醫師。

「可是我在國內，每個人都在說自己的感覺啊！聊天不就是這樣嗎？」

很有可能，你眼中的朋友，就只是常常交換當對方的垃圾桶，互相利用而已。也有可能，在你自己的文化環境底下，別人不好意思直接要你閉嘴，但心裡的OS卻是：「天啊！他又來了……」

英語為第二、第三外國語的人，常常會在開口的時候，自然而然地大量用「I think」

作為開始，但代表的可能是「我覺得」，也有可能是「我認為」。如果是「覺得」，接下來在同一句中就會開始說「感受」；如果是「認為」，接下來就會提出「論點」，這是非常明顯的。

就像我的哲學老師時常在打斷學生時說的："I don't care about how you 'feel', I only care about what you 'think'."（我一點都不在乎你是怎麼『覺得』的，我只在乎你是怎麼『想』的。）

對一件事物，直觀的感受人人都有，個人感受往往沒有太大價值，但思考卻不見得每個人都有。說白一點，**如果發現自己只有感受時，其實可以什麼都不用說，也不會有人當你是啞巴。**

原則六：不要動不動就批評

動不動就施加評判（being judgmental），在這個「網路公審」的時代，似乎變成了一種可以接受的習慣，但網路公審的結果，卻時常帶來悲劇。比如幾年前二十四歲的網模楊又穎自殺身亡，遺書中就直指粉絲專頁「靠北部落客」是最後一根稻草。實際上，網路公審的背後就是一種殘酷的霸凌，而霸凌的本質，就是暴力，只是當暴力不是用肢體表現出來，而是用語言表現的時候，常常會被人忽略暴力的本質。

我很認同呂秋遠律師說的，當我們用難聽的話攻擊別人，「我們站在道德的制高點上……卻從來沒想過，這些言語如果回敬到我們自己身上，我們會怎麼想？」如果我們把這樣的暴力，帶到現實生活中，殘酷地用我們缺乏證據、沒有深思熟慮的語言，攻擊認識或不認識的人，就是在扮演嗜血的鯊魚而不自知。

說話時，謹慎去說人對、錯，因爲對錯有立場的相對理解。即使法官也都只有在法庭上，完整的證據跟雙方的證詞之前，才能謹慎判斷。我們憑什麼把自己的語言當成一把不長眼的利刀，隨意揮舞？

一**個教育進步的國家，總會教育他們的人民，對於評斷要非常謹慎，隨意評判人事物的習慣，是不會被跨文化的職場接受的。**

如果看完了這一段，還硬要說：「哪有？我在澳洲打工度假時的愛爾蘭室友比我還毒舌！」那只是更加顯示你的幼稚無知，跟缺乏自省能力而已。

原則七：不批判別人的政治觀點

在跨文化職場，我們當然可以談政治，但重點是帶著同理心聆聽，而不是批判。

每一個地方，都有當地的政治，每一個人，也都有自己的政治觀點。這些政治觀點，其實只是冰山的一角，底下代表著這個人的宗教背景、家庭教養、文化、家族歷史、個人信念，以及許多其他的因素。別忘記當你以爲自己只是隨口批評另一個人你不認同的政治觀點時，他聽到的，是一個不了解狀況的外人，在批評他整個人、他的家庭、他成長的社區，甚至他的國家歷史。

無論對方來自巴西、印度、美國，還是委內瑞拉，就跟我們一樣，會對於自己國家的民主政治充滿熱情，對於政治問題充滿失望。但是無論對方站在什麼立場，只要我們不是選民，都沒有資格去評斷對方的觀點。

當我在國際上工作時，時常也會遇到當地選戰，辦公室裡的本地員工，甚至會站在不同的立場，針鋒相對。這種時候，作爲一個外人，要清楚記得自己的身分。

當野火燒到我身邊，別人要求聽我的意見時，我都會非常自制地說：「你有投票權，我沒有，所以這不是我的戰場，我不認爲自己有資格選邊站，也沒有資格評斷。請你要行使權利，去投下神聖的一票。」

否則你可能在不知不覺中，被貼上自己也不了解的標籤，到了面臨晉升選擇的時候，上司可能會充滿痛苦地提出來：

「他公開支持貪汙、而且謀殺反對者的候選人，你覺得這種人眞的可以嗎？」

問題是你在表態支持的時候，搞不好根本不了解整體的脈絡，甚至不知道這個候選人過去的歷史，只是靠一個外來者片面的印象，隨意發表意見。這麼做不但不必要，而且可能會有嚴重的後果。

原則八：不牽涉第三者

我們身邊很多人，說話時有一個不自覺的壞習慣，那就是喜歡拖人下水：

「那個×××告訴我的。」

「○○○說他也這樣覺得。」

但在跨文化的職場中，卻很容易犯下大忌——因爲你違背了你們之間的信任。

「如果你不希望我告訴別人，那爲什麼要告訴我？」

「我跟你說我的想法，是因爲我信任你。但是我並沒有授權給你，讓你去昭告天下。」

這樣的人，無論專業能力多強，也會被認爲愛八卦、嘴巴不牢靠，不可以被信任。

只要是由人形成的組織，都有不完美的地方，當然也會有諸多抱怨，或許是抱怨上司無能，同事不願意分擔工作，下屬未能及時解決他所發現的問題。但抱怨歸抱怨，不代表我們被賦權介入這場戰爭，有時候只是情緒抒發一下就完了，無論如何，都跟第三者無關。

有時候我們古道熱腸，甚至自己也有同樣的感受，但不願意承認這是自己的想法，於是就把別人的名字抬出來；這不叫做「幫人發聲」，而是「利用別人」。

在職場上，每一個人都有發聲的權利，也都有發聲的管道，如果選擇不發聲，也是自己的決定。我們應該要尊重別人的自主權和決定，做好自己，不要雞婆，更不能替天行道。

如果能在跨文化的職場上，注意這「八不」，就會減少說錯話帶來的口舌之災。

【實踐篇】

一場說話課的真實蛻變

西拉雅大鋤花間　郭柏辰

夏日午後，有政府官員說要找我。髒兮兮的我從咖啡園裡回來，一頭霧水見了他們，是一位高官旁坐著一位大漢，正有一搭沒一搭地聊天，大漢很開心地拉著我聊著在山裡的日常生活，把官員晾在一旁，我心裡不禁好感大增。離開前他請我參加數日後的產業培訓課程，便瀟灑地離開了，這是我跟褚士瑩的第一次見面。

我是一個怪物嗎？

我從小在無農藥的山林中生活長大，最近的鄰居在隔壁的山上，很少跟家人以外的人有過接觸，更遑論溝通了。陪伴我最長時間的就是生活在周遭的小動物跟其他動植物了，我常常對外戲稱說，我的非人類朋友比我的人類朋友還要多。

也因爲這樣，接觸到了外面的世界之後，才發現自己是如此的格格不入。我無法用森林的生活法則去融入學校的生活，連溝通都成了問題，這樣的我也成了老師眼中的問題學生，同學口中的怪胎。

我開始努力地去模仿，模仿班上最受歡迎的同學，研究他們的言行舉止，奉還以前大自然教會我的生活模式，這樣老師就不會討厭我，同學也不會排擠我、欺負我了……

但事與願違，我模仿的同學知道了我在模仿他，某天下午第三節課後的掃地時間，我被大家圍剿，當時我難過地大聲問：「我做錯了什麼事嗎？爲什麼你們要這樣對我？」而回應我的，只有嘻笑打鬧的聲音，冷不防從他們之中飄來一句話：「他就是個怪物，還想跟我們一樣，永遠都不可能跟我們一樣啦。」

當場我愣了許久，我懂了。班上同學不接受我，但我可以讓自己不受傷害，於是我一邊把自己封閉起來，一邊默默地學習其他人的一言一行，反正就快畢業了，我也會踏入新的世界，換上新學習的行爲模式，讓一切再重新開始。

就這樣，國中、高中、五專、服兵役，我用這樣的方式，跌跌撞撞走了過來，然後回到我既熟悉又陌生的山林中，偷偷沉默地活著，直到遇見褚士瑩。

我從來沒有這樣被讚美過

參加產業培訓的課程中，我們必須從自己的故事，說到西拉雅各地歷史故事，而後串聯出了一個完整眞實的大西拉雅故事，並一致通過了在西拉雅辦深度小旅行的目標，而我則是透過子工作坊這樣的練習，學會了如何去思考問題，在抽絲剝繭後找到問題背後的眞實面貌。

在這個過程中我最不想做的，就是敘述自己的故事，最好不要讓我上台發表，只要靜靜地聽就好。

最終我還是硬著頭皮上台，在台上的我說話聲音越說越小聲，恨不得時間趕快熬過，最後總算結束了。結果應該跟往常一樣，不是在哄笑中，就像被當空氣一樣結束，然而褚士瑩卻微笑地跟我說：「這是我聽過最特別的故事了，你是很棒的人喔。」我呆住了！從來沒有人用這樣的語氣讚美我……而我不知道哪來的勇氣，在接下來的小旅行課程實作裡，我大膽地提出了想要跟著褚士瑩團隊旁邊見習的要求，而褚士瑩也毫不猶豫地答應了，我心裡想藉由這樣的機會，學習他的思考跟行爲模式。

幾天下來，慢慢地從不敢在眾人面前說話的我，到可以稍微與人對談，再到心臟很大顆強壯地獨自一人承接一個深度小旅行團的導遊〈開啓軍人只許成功不許失敗模式〉，藉由這樣的方式，傾全力訓練自己的應對能力，起碼我的說話比較不會再嚴重結巴了。

就在這時，我種植的咖啡很意外地在國際上被看見了〈美國CQI世界排名第十九〉，許多人紛紛邀請我去演講，想知道我的心得。我心想，天啊！怎麼辦？天曉得我從未演講過、上台一定會被笑，不然就是會被當成空氣人般無視我……台灣一定還有人種植的咖啡比我更好更棒，我只不過運氣比較好而已，我很爛，一點也不厲害——我對自己的咖啡完全沒自信。在拒絕了幾次之後，慢慢地開始有些傳言說我蠻橫、驕縱——但其實我什麼事情都沒有做，怎麼會變成這樣？爲了不要讓這樣的傳聞繼續，讓大家知道我並不是這樣的人，我只好硬著頭皮接下了。

面對咖啡樹練習，錄下自己說話的樣子

沒有練習的對象，我開始對著咖啡樹練習，從帶小旅行的過程練習，揣摩著人與人之間溝通對話SOP，隨著一次次的練習結束，我開始越來越熟練了，也嘗試著用小旅行的經驗來面對幾場超小型的演講，我在台上分享帶小旅行和咖啡園工作中所遇到的酸甜苦辣，訓練自己的口才，再把演講學習到的經驗融入到我的小旅行裡。

漸漸地，我開始不會那麼害怕演講了，直到又再度遇見了褚士瑩。他推薦我參加

NPOst年會的年度行動家演講。這演講可是足足超過五百人的超大型演講，我要從三十多個參賽者脫穎而出，根本不可能！但既然參加就要盡力去做，在最後的評審團試講時，我才發現，全場只有我一個有機農夫，其他人做的事情都非常厲害，而我，既不屬非營利組織，也不是有名的公益人士，我僅僅只懂有機咖啡的各種栽種方法，跟想要保護養育我長大的山林，降低台灣超高農藥使用量的小小心願而已，跟其他人相比，我既不會說英文，也沒什麼人類朋友，我真的太弱了——

但沒想到，評審居然很喜歡我的演說，我以為我不過就是個只剩下山林跟土地可以當朋友的邊緣人罷了，沒想到竟然會被選上，但既然被選上了！就要全力以赴，我試著演講了幾次，寄給了評審，但評審總是不太滿意，覺得沒有獨特性，他們喜歡我在評鑑會試講時說的故事，也就是從小在有機的環境中長大，我跟山林和土地之間的感情，以及年會會刊報導的內容。

這樣被退件了幾次之後，我把試講影片寄給褚士瑩，並向他請教。

與褚士瑩的一場對話

褚：你可以想想NPOst那篇報導裡的結構跟邏輯順序，和你的說話內容有什麼不同？

我：報導裡把我說的、做的事情寫得似乎很厲害〈認眞覺得〉，但我認爲自己並沒有那麼厲害，草生栽培並非我獨創，與這次年會的主題創新有些落差。說到影響力，我的非人類朋友比我的人類朋友還多，當然對於社會的影響力更少。

褚：所以你自己打了折扣，認爲這是謙遜，你認爲他們是因爲看上你的謙遜，還是看上你做的事？

我：看上我做的事。

褚：所以爲什麼要強調你做的事不夠好，不獨特，不創新？你看見讓人覺得矛盾衝突的地方了嗎？

我：我很疑惑，爲什麼他們會看上我呢？我不清楚他們看上我的是哪一點？

褚：報導裡寫的，就是他們看到你的價値。

我：看見了，但我似乎一直不自覺否定自己。

褚：你可以謙虛，但是你不能因此失去常識，不知道別人看到你的好。誰需要找一個人上台否定自己呢？這不是請你上台的目的，忘掉自己，你上台是爲了別人，就讓別人得到他們應得的，否則你等於剝奪了他們已知的權利。你所做的，是一般人不知道，但是卻想知道的事，就把自己當成禮物送給他們吧，而不是一直想著自己，希望這會對你修改說故事的角度有幫助。

我：謝謝老師，我好好思考，想想看。

褚：加油喔！希望我說的話不會太重。

我：絕對不會！我只是最近開始懷疑自己，眞的有那麼好嗎？但我不會那麼脆弱的！

褚：當然不是脆弱，只是跟大多數台灣人一樣，也犯了「覺得自己不夠好的症頭」。

快樂做自己想做的事

當晚一直到睡前，我都一直在思考，自己似乎犯了覺得自己不夠好的毛病。是從什麼時候開始覺得自己不夠好呢？

我試著用哲學諮商的角度詢問另一個自己，似乎從很久以前就覺得自己不夠好，從家人失望的眼神，到同學眼中的怪物……

我們擅長把這些負面的情緒、壓力，轉化成爲成長的動力。往往也只能這樣做，因爲我們很弱，是個失敗者，生於憂患死於安樂，是我們的生存法則。每一天都要鞭策自己，比昨天的自己更好，在壓抑和痛苦中成長的速度，是遠遠快過於沉溺在安逸快樂中的，所以我們不需要快樂，也不需要覺得自己好棒棒。

多年已經遺忘的情緒突然在這一晚潰堤了，什麼演講？我無法進行下去了！如果找不到出口，NPOst年會演講等於完蛋了，所以我才決定去找褚士瑩。

他問我：「你覺得這世界上有沒有人是一邊快樂地學習，一邊成長呢？」我覺得沒有。

褚士瑩再問：「那有沒有可能這世界上有人是這樣子的呢？」我想應該還是有的，只是我接觸的人不多，還沒遇過。

褚士瑩看著我說：「那你覺得這樣的人應該是什麼樣子呢？」我不知道，我很難回答。

褚士瑩嚴肅地說：「如果今天有一個人，很喜歡自己所做的工作，並且努力地讓自己成長得更快、更好，好讓自己喜歡做的事變得更棒，你覺得他會不會是一個快樂的人呢？」

我略為羨慕地說：「那他一定是一個很快樂的人吧！」

褚士瑩微笑地對我說：「那為什麼你不能跟他是一樣的人呢？你不覺得你們很像嗎？」

剎那間，我愣住了！

是啊，我喜愛那些生活在我咖啡園中的生命們，彷彿是我的眷族一般，不管外面的環境再惡劣，只要進入我們的領地，便是我的眷族，而我也努力地學習、成長著，希望可以更好地保護著它們，每當看見他們快樂地生活著，自己心情就會變得很好呢！但……

我，也可以快樂地生活著嗎？

接下來幾天我不斷地在思考這個問題，直到NPOst年會演講的前一刻，在五百多人的目光之下，我似乎懂了什麼，爲什麼我不能嘗試快樂地活看看呢？也許我妄自菲薄，但不能因此失去常識，評審選上我，是因爲喜歡我做的事，也許我並不特別，但我所做的，是一般人都不知道的，也是觀眾想知道的事，我將自己跟山林土地之間相處的感情化爲千言萬語，當成禮物送給參與年會的聽眾們。

NPOst年會的年度行動家演講順利結束，而我也繼續踏上人生的征途，繼續前行。雖然改變自己的生活信念，不是一蹴可幾的事，但仍我相信著，在未來，我將會成爲一個做自己喜歡的事，同時快樂成長的人。

Before

從小在山林中長大，非人類朋友比人類朋友還多的郭柏辰。

曾經是同儕口中的怪胎，一心只想把咖啡種好，深深覺得厲害的人多的是，讚美不會輪到自己身上，更不用說什麼「上台演講」這種事，一定會被人笑或是被當空氣人……

After

但隨著一次次的練習，對著咖啡樹練習，試著揣摩人與人之間的對話，錄下自己試講的影片，而褚士瑩以哲學諮商一層層建立起他的信心，可以說解答了郭柏辰「覺得自己不夠好」的長久執念，找出自己生命價值的主要核心。他快樂站上講台與五百位聽眾分享快樂的小農故事。（攝影：施玲蘭）

【延伸閱讀】

褚士瑩　完整暢銷書單

榮登博客來網路書店　誠品、金石堂書店排行榜
獲博客來網路書店　2013年度暢銷華文作家TOP3

給自己10樣人生禮物
成就動詞型的生命地圖就在這10個關鍵

每個人的生命，都擁有很多禮物，
但如果不打開使用它們，禮物等於是廢物！
彷彿擁有任意門的褚士瑩，被很多人羨慕與好奇，
但他說：其實我只是打開我人生禮物而已！！

他說，他最賴皮的一件事，就是死趴在夢想的彩虹上，
因為他愛上滿天星斗的辦公室，
到印第安保護區追蹤大角鹿，到緬甸當農夫……
太多人問他：你怎麼辦到的？
太多人欣賞他的夢想與現實的結合力，
但他卻想說：我給自己10樣人生禮物，
形成了自己熱愛的生命地圖，你們一定也可以的。

第64梯次
好書大家讀
入選圖書

給自己的10堂外語課
這是突破人生限制的希望之鑰！

語言是認識世界的方式，幾種語言，幾種生活風格！

你有沒有信心給自己兩個月挑戰一門新語言？
你有沒有持續每天30分鐘把單字卡的字彙復誦16遍？
你好不好奇新移民的生活，價值觀，聚會？
還是只會自虐背字典？
如果沒有世界觀，學外語也不會讓人幸福快樂。
10堂外語課，是這個世界送給你的大禮物，
打開來用才知道原來人生這麼無限寬廣！

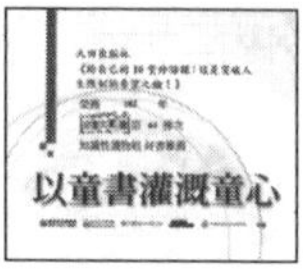

比打工度假更重要的11件事
出國前先給自己這份人生問卷

你不會因為出國冒險就「轉大人」！
語言也不是鼻子過敏，出國就變好！
如果只是身體出國，腦子沒出國，
國際觀還是離你很遙遠……

褚士瑩說，出國不是仙丹，旅行也不是捷徑，
打工度假更不是生命的魔術師！
資深背包客褚士瑩從16歲開始跨越自己的舒適圈，
不靠別人找出標準答案，而是有計畫灌溉自己的好奇心，
讓強體質更強。
不管你選擇出國或不出國？
本書的每個問題都是你了解自己的關鍵，
好好想清楚再行動，力量完全不一樣！

1份工作11種視野
改變你未來命運的絕對工作術

對工作的感謝與抱怨只是一線之隔，
除了薪水，工作又帶給我們什麼？

很多人問為什麼以前這樣做可以，現在卻不可以！
為什麼在舊公司OK，在新公司卻不OK，
如果你換工作卻沒換腦袋，答案就是否定句。
很多人做一行怨一行，倦怠，
懷才不遇，抱怨夢想沒辦法實現……

但如果你沒有成長，工作命運當然也不會改變。
褚士瑩說「工作」本來就是動詞，
找到對的工作，比有沒有夢想還重要。
別看輕自己，但也別高估自己，
工作是讓我們變成一個更懂享受生命的人！

1年計畫10年對話

預約10年後的自己，需要年年實踐與更新

不要羨慕別人，也不要因為外面的風風雨雨，
關在自己的小天地裡。

這本書分享我如何擬定讓生命發生改變的計畫，
少年的我，本來像關在房間裡一動不動的大蜥蜴，
逐漸蛻變成在藍天自由飛翔的青鳥……

我的計畫，不會是你的計畫，
但把你的目標個人化數量化，完成機率大大改變；
我的夢想，更不是你的夢想，
但脫離失敗保證班，找到關鍵特色最重要。
有時候計畫急著完成，更容易急著放棄；
Just Do It，是給勇於更新與實踐的人！

我，故意跑輸

當自己心中的第一名，作家褚士瑩和流浪醫生小杰，寫給15、20、30、40的你！

不是每個人都要走一樣的道路，也許在別人眼中，
你不是所謂的勝利組，但你從不放棄為自己做對的選擇，
成為真正的贏家！

作家褚士瑩寫自己一路往作家之路奔跑的故事，
對照流浪醫生小杰的曲折人生故事，
他們同樣都拒絕過「盆栽人生」。

透過在他們的15、20、30、40歲階段，
我們明白，他們只是大膽按下階段性的暫停鍵，
不是真的跑輸，
而是在選擇的道路上給自己改寫命運的機會！

55個刺激提問

把好事做對，思辨後的生命價值問答，國際NGO的現場實戰

我們是否想過對與錯的答案？好與壞的界限？
熱情捐錢，卻覺得愛心被綁架！
想做善事，卻不知道做得對不對？
志工之夢，真的無法用金錢衡量嗎？
我們是否想過自己是以愛之名，還是拿愛當藉口？

長期在NGO第一線的作者褚士瑩，
實戰經驗讓許多讀者有很多問題想問。
《55個刺激提問》直指核心，尖銳敏感！
過去我們認為正確的答案，現在看來可能可笑荒謬；
現在覺得對的，也許將來是錯的；
找出禁得起時間考驗的價值，先從這55個刺激提問開始！

美食魂
全世界都是我的餐桌

不管什麼都想吃一點，每到一個新的地方或舊的地方，
都可以發現「吃」充滿樂趣！

食物是一間充滿記憶的房子，變甜了，變鹹了，變淡了，
品嘗的氣魄不在於山珍海味，滿漢全席，
而是食物背後隱藏著愛，巧合，幸運。
「吃」是維持生存開始，但「吃」到最後，
你發現世界越吃越大，越吃越不可思議，
然後你更會發現，不是只有吃而已，
你要開始保護這個世界，愛惜自然，珍惜身邊的人……

旅行魂
Travel Awakens My Soul

成為一個旅行者，是我這輩子做過最好的決定！

透過「慢旅行」變成有故事的人！
平時沒有把每天的生活當成一場小旅行來練習的人，
就算打著出遊的旗幟、去環遊世界，
也沒有辦法享受旅行的樂趣。

對褚士瑩來說旅行不是浪漫的出走，
也不是到處吃喝玩樂就算了，
更不是以搶到便宜機票為樂。
因為旅行魂不是突然上路就學會的，
要像跑馬拉松一樣，不斷練習！
在日常生活的每一刻，埋下「旅行魂」的種子，
在自己生命發芽生根，越來越壯大！

第73梯次
好書大家讀
入選圖書

在西拉雅呼喊全世界

褚士瑩發現台灣之旅

這裡不是西班牙，這裡是西拉雅……

西拉雅，一個坐落在嘉南平原山麓東邊的國家風景區，
一個與世無爭的世外桃源，讓造訪的人都流連忘返。
這神祕所在勾起我的好奇心，而決定一探究竟……

走遍世界之後，我重新透過旅行發現台灣之美，
每一顆龍眼，每一粒咖啡櫻桃，
每一顆青梅，每一朵龍眼花，
每一滴汗水，我在西拉雅生活的每一天，都是真的……

雖然我不能選擇成為西拉雅族，卻可以成為西拉雅人，
因為「愛」是唯一的資格。

用12個習慣祝福自己

養成免疫力・學習力・判斷力

一年到頭都在擬計畫，結果執行力等於零！
興趣一大籮筐，偏偏都只有三分鐘熱度！
想要改變自己，可是找不到方法！

看別人養成好習慣超羨慕，到底怎麼辦到的？
世界是沒有永遠的陌生人；
一天安排自己只做兩件重要的事；
不要一直說：我不會！
以上這些變成「習慣」你會擁有「學習力」！
要按「想」的方式活，不是要按「活」的方式想！
變成「習慣」，你就會得到思考的「判斷力」！
如何成為更喜歡自己的人？用12個習慣祝福自己吧！

第73梯次
好書大家讀
入選圖書

2017年度
最佳少年兒童
讀物獎

我為什麼去法國上哲學課？
擺脫思考同溫層，拆穿自我的誠實之旅

經歷思考的強烈颱風，心甘情願把自己打掉重練……

法國哲學圈的頭痛人物——奧斯卡・柏尼菲
出版暢銷全世界的哲學童書繪本，一個難搞的老頑童
自家設立「哲學踐行學院」，
褚士瑩成為入門弟子的挑戰衝擊……

這一趟魔鬼訓練的震撼，一切從頭拆解！
從咀嚼說出的每一個字，
驚覺過去引以為豪的禮貌用語是思考敵人；
從身體展現的每一個動作，
挖掘隱藏的自我，承認無知是獲得知識的開始；
思考沒有「無痛分娩」，是可以找到幾條清晰路徑，
塑造自己，延伸自己，最後大喊：
我要帶著哲學活下去！重新啟程！

第74梯次
好書大家讀
入選圖書

誰說我不夠好
抓住否定自己的原因，
找到肯定自己的方法

我們都得了「覺得自己不夠好」這種病！

你自卑，常覺得自己不完美；
你沒自信，必須等一切到位再說；
你找藉口，各種理由一大堆……
請問你還要讓這種負面想法寄生多久？
否定自己，請到此為止；認識自己，從現在開始！

「覺得自己不夠好」，不是謙虛的表現，
是打擊信心，粉碎價值觀的前兆？
不是看輕自己，也不必過度自戀
本來只要認識自己，定位自己，
任何環境或困難都無法左右你的決心。

國家圖書館出版品預行編目資料

企鵝都比你有特色 / 褚士瑩著 . ——初版
——臺北市：大田，2019.01
面；公分 . ——（Creative；133）
ISBN 978-986-179-549-2（平裝）

192.32 107018812

Creative 133

企鵝都比你有特色：
給自己的10堂說話課，成為零落差溝通者

作　　者｜褚士瑩

出 版 者｜大田出版有限公司
台北市 10445 中山北路二段 26 巷 2 號 2 樓
E-mail｜titan3@ms22.hinet.net http：//www.titan3.com.tw
編輯部專線｜（02）2562-1383 傳真：(02）2581-8761
【如果您對本書或本出版公司有任何意見，歡迎來電】

總 編 輯｜莊培園
副總編輯｜蔡鳳儀　編輯｜陳映璇
行銷編輯｜翁于庭
校　　對｜黃薇霓 / 金文蕙

初　　刷｜2019 年 01 月 01 日 定價：300 元
總 經 銷｜知己圖書股份有限公司
台　　北｜106 台北市大安區辛亥路一段 30 號 9 樓
TEL：02-23672044 / 23672047 FAX：02-23635741
台　　中｜407 台中市西屯區工業 30 路 1 號 1 樓
TEL：04-23595819 FAX：04-23595493
E-mail｜service@morningstar.com.tw
網路書店｜http://www.morningstar.com.tw
讀者專線｜04-23595819 # 230
郵政劃撥｜15060393（知己圖書股份有限公司）
印　　刷｜上好印刷股份有限公司
國際書碼｜978-986-179-549-2 CIP：192.32/107018812

填回函雙重贈禮♥
①立即送購書優惠券
②抽獎小禮物